結婚を ＼ビジネスパーソンのための／ 後悔しない50のリスト

1万人の失敗談からわかった夫婦の法則

大塚 寿 otsuka hisashi

A List of Fifty Things that Will Help You not Regret Your Marriage

ダイヤモンド社

結婚はビジネスパーソンにとって、
その後の人生を決める最大の分かれ道です。

相性や愛情だけでは乗り越えられない、
知識と技術でマネジメントすべき
人生最大のプロジェクトなのです。

ビジネスパーソンのための

結婚を後悔しない50のリスト　目次

序章

結婚が人生を左右する理由

第1章

結婚で何より大切にしたいこと

1 仕事ばかりしなければよかった 42
☞仕事と家庭を「同列」に考え、短ピッチで家庭と向き合う時間をつくる

2 家事の分担をしておけばよかった 46
☞言い訳できない「当番制」「例外ルール」を決める

3 つい何でも相手任せにしてしまった 49
☞自分の好きなところから「家庭内キャリア」を築いていく

4 相手の価値観をもっと理解すればよかった 53
☞自分の価値観を押し付けず、背景にある違いを理解する

5 夫婦のコミュニケーションが足りなかった 57
☞「毎日コンスタント型」で接点をつくり「じっくり型」で話し合う

6 言い方をもっと考えればよかった 61
☞相手を状況を尊重し、自発性をうながす「肯定力」で人を動かす

7 お互いのビジョンを話し合っておけばよかった 66
☞日頃から「事業計画」を話し合い、ＰＤＣＡでマネジメントする

8 自分の時間を確保できなかった 71
☞話し合って、最初からスケジュールに「自分時間」を組み込む

第2章

「相手を知る」ために押さえておくこと

9 相手の良い部分ばかり見ていた 76
長所が短所に変わるリスクを見積もる

10 結婚後、相手の長所が短所になった 79
背景にある理由を腹に落とし、短所も長所へと転換する

11 合う・合わないという相性は当てにならなかった 83
「どうなりたいか」より「どうありたいか」をすり合わせる

12 相手のちょっとした習慣が気に入らなかった 87
対立構造をつくらず、「相談」スタイルで話す

13 家事をやる、を信じてしまった 90
NGワードに気をつけながら、五カ年計画、十カ年計画で育てる

14 会社を辞めるか、共働きか、話し合っておけばよかった 94
日頃から短ピッチで、ベクトル合わせをする

15 親離れしていない相手を選んでしまった 98
間接的に家族の「成功体験」を積み上げて、お互いの信頼関係を築く

16 何にお金と時間を使うかの価値観が違った 103
会社の会議のルールや仕組みを流用して、意思決定の基準を決める

第3章 ベクトルを合わせるためにやっておくこと

17 感謝や愛情表現の一言が言えなかった 108
自分ではなく相手の気持ちを考えて、言葉で伝えることを習慣にする

18 つい一言反論してしまった 111
まず「Ｙｅｓ－Ｂｕｔ法」、次に「褒め上手」になる

19 つい意地を張ってしまった 115
相手を打ち負かすことに意味はない。相手を尊重し肯定できるようにする

20 ケンカのルールを決めておけばよかった 119
ケンカを「終わらせるルール」を決めておく

21 妻の話をもっと聞けばよかった、夫をもっと頼ればよかった 124
男女の特性を理解して、「配慮」と「期待」の言葉をかける

22 ～は相手がして当たり前、と思ってしまった 129
自分を「社会化」するためにこそ、苦手なことに取り組む

23 口先だけで結局やらなかった 134
家庭を「休憩所」にせず、まずは「初動」を起こす

24 普段から自分のやりたいことを語ればよかった 138
日頃から「どう生きたいのか」を「夫婦ブレスト」で話し合う

25 細かいことばかりに目がいってしまった 142
正論は伝わらない。「加点法」「鈍感力」で接する

第4章

26 結婚して自由がなくなった 145
結婚で「自由」の質を変える
27 自分をオープンにできなかった 148
夫婦領域を生み出すために、「言語化する力」「伝える力」を磨く
28 子供ができて夫婦関係がギスギスしてしまった 152
いかなる理由があろうと「育児シフト」で生活スタイルを変える

幸せな家庭をつくるために知っておくこと

29 お互い貯蓄計画に無頓着だった 158
目的を明確にして、三～五カ年計画の予算をつくり実行する
30 財布の管理法を間違った 163
どちらかに任せっきりにせず、「家計口座」と「趣味・貯蓄口座」を分ける
31 面倒くさがらずに、記念日などを祝えばよかった 168
記念日は夫婦マネジメントのツボ。相手のニーズを押さえて自ら楽しむ
32 二人の時間が持てず、すれ違いばかりだった 172
短時間でも毎日「日常の共有」をする
33 もっと真剣に日常のイベントを計画すればよかった 176
家庭マネジメントは「企画力」。面倒くささを超えて自分が真剣に楽しむ

第5章 「お互いの家族」と上手に付き合うために必要なこと

第6章 「間違わない子育て」のために考えておくこと

序章

結婚が人生を左右する理由

なぜ、結婚は人生最大の分かれ道なのか？

男女が一緒の籍に入り、一つの家庭をつくる結婚。入り口は同じでも出口はまったく違うというのは、多くの人が実感していることでしょう。

結婚を機に「伸びた人」と「ダメになった人」がいるのも、また悲しい現実です。

独身時代は気が弱く頼りなかった人が、結婚を機に守るものが増えて腹が据《す》わり、責任感やリーダーシップが芽生えた一方で、家庭内のギスギスを職場に持ち込んで満足な成果を出せずに左遷されてしまった人がいます。

相手の性格の良い部分や習慣を取り入れて人間的に成長していく人がいる一方で、使える時間もお金も独身時代のようにはいかず、新たな制約のもと、結婚が足かせになってしまうような人がいます。

結婚は、良い意味でも悪い意味でも生活基盤を揺るがすものです。仕事でバリバリ働けるのもしっかりとした生活基盤があるからで、相手の理解とサポートがなければ努力することさえできません。

どのような結婚をするかによって、**時間やお金の使い方から、人付き合い、物の見方、健康、そしてその後の人生計画も大きく変わってくるのです。**

結婚による最大の変化は、それまでシングルスの試合だったのがダブルスの試合になるように、常に「相手」「ペア」がいる生活となることです。

「個人力」で生きてきた人生から、「**チーム力**」で生きていく人生に変わる大きなターニングポイントなのです。

人が成長する瞬間には、必ず「**他者**」の存在があります。他者と真剣に向き合い、異質な価値観を受け入れたり、自分のダメな部分を克服していくことで、一人では成し遂げられない進化を生み出します。

思いやる相手や、共鳴し合える相棒ができることによって、自身の能力に自ずとストレッチが利いて、潜在能力が発揮されるものなのです。

自分以外の「他者」とどう向き合うべきか、いかに予測不能な出来事をマネジメントしていくか、それによって人生にレバレッジをかけられるか、スポイルされるかが分かれるといってもいいでしょう。

他者との付き合い方が人生を決めるというのは他のことにもいえますが、それがもっとも濃縮された形で表れるのが結婚です。なぜなら、結婚とは日常そのものであり、生活基盤を生み出すものだからです。

先人たちの後悔がもっとも集中するテーマ

私は新卒で入社したリクルートで新規顧客開拓部隊に配属され、中小企業の経営者や大手企業の部長クラスと面談するのが日々の業務でした。仕事における成功ネタや創業のきっかけ、飛躍の瞬間などをおもに聞いていたのですが、その中で必ずといっていいほど出てくるのが、「実はこんなことで失敗していて……」とか「こういうことを今でも後悔している」という話でした。

リクルート社内でも、諸先輩から少しでも売れる営業の秘策を聞き出そうと手当たり次第に聞きまくっていましたし、リクルートを退職後は、オーダーメイド型の企業研修会社を創業したことから、数多くのビジネスパーソンの生の声に触れるのが日常でした。これまで話を聞いてきた人の累計は、軽く一万人を超えるはずです。

その一万人のインタビューからわかったのは、多くの人が同じ後悔をしていたということとでした。

私はこれまで先人たちの後悔をもとに、同じ轍《てつ》を踏まないように気をつけてきたことから、その教訓を『40代を後悔しない50のリスト』『30代を後悔しない50のリスト』という二冊の本にまとめたのですが、**実はどの年代にも共通する最大の後悔ネタこそ、「結婚」だったのです**。

後悔ネタは、結婚前には気づかなかったちょっとした生活習慣、育った環境の違いからくる考え方のギャップ、相手に言ってしまった暴言、相手の家族との付き合い方、はたまた浮気、セックスレスにいたるまで多岐に及びます。

それは、分類してみるとざっくり次の六つになります。

(1)家事・育児の分担**【↓第1章】**
(2)相手の育ちや環境が与える人格不和**【↓第2章】**
(3)コミュニケーションの取り方**【↓第3章】**
(4)お金や時間に対する価値観の齟齬《そご》**【↓第4章】**
(5)相手の両親との付き合い方**【↓第5章】**
(6)子育て哲学の違い**【↓第6章】**

後悔の詳細については各章でご紹介しますが、経営者やビジネスパーソンでも後悔ネタとなると、仕事の失敗以上に結婚への後悔が目立ちました。

人生という視点から振り返ると、**結婚こそ自分を良い方向にも悪い方向にも左右している根源である**という事実が浮き彫りにされたのです。

ちなみに、厚生労働省の人口動態総覧から計算すると、平成二三年の日本の離婚率は三五％。約三人に一人は離婚している計算となります。

離婚にいたる経緯には複雑な事情があるので一概には言えませんが、結婚してもうまくいかず、関係を修復できなかった夫婦は非常に多いことは間違いありません。

男性側のデータでいっても、消費社会研究家の三浦展さんの著書『妻と別れたい男たち』では、首都圏在住の中高年男性（四〇～六四歳）二〇〇〇人へのインタビューで、現在離婚したいと思っている人は四割弱、別居したいという人は三三％もいると紹介されています。こちらも三、四割の男性が結婚を後悔しているようです。

女性側のデータだと、近年特に話題となっているのが、出産後に育児の分担やすれ違いから起こる「**一歳危機**」「**産後クライシス**」といわれる現象です。

ＮＰＯ法人マドレボニータが産後半年以内の女性を中心とした六二〇人に行った調査では、なんと五二％が「産後離婚を考えたことがある」と答えています。

結婚後、「こんなはずじゃなかった」と後悔した人は少なからずいると思いますが、人生における最大の後悔こそ結婚だった、結婚こそ人生を左右する最大のテーマである、という一万人インタビューの結果は、まだ取り返しがきく世代にとっては他山の石とする教訓が多くあるはずです。

日常生活の連続から生まれる「チリツモ」

後悔している諸先輩たちの言葉で特に印象的だったのは、「**チリツモ**」（塵も積もれば山となる）というフレーズです。

大恋愛の末に結ばれたにもかかわらず、育った環境の違いがボディブローのように徐々に利いてきて、最後に爆発してしまった例は枚挙に暇《いとま》がありません。

たった一つの出来事によって離婚にいたるのではなく、日々の不満の積み重ねだということです。

家事の分担、金銭感覚の違い、子育て哲学の違い、お風呂の入り方、タオルの使い方、挨拶、返事の仕方までもが夫婦関係をギスギスさせ、チリは積もり積もっていきます。

チリに対する考え方も、夫婦間に食い違いがあります。家事や育児の分担でも、男性は「十分やっているつもり」であっても、ゴミ出しや週末の買い出し程度では、奥さん側からは「やっているうちに入らない」と、実際はマイナス評価の「チリ」にカウントされているケースも少なくありません。

結婚が難しいのは、仕事のようにプロジェクトが終わればメンバーは解散とか、職場でだけ良い顔を見せればOKというわけにはいかない、**日常生活そのものだからです。**

恋愛というのは、ある意味お互いの良いところだけを見せて切り抜けることもできますが、結婚となれば、相手の親との付き合い、親戚との付き合いという、人によっては煩わしい類の人間関係も避けては通れなくなります。

そういう意味では、**結婚は自身の生き方そのものを問われ、さらにはその適否さえもがフィードバックされるという、まさに仕事以上に大変なものなのです。**

結婚が恋愛のゴールではなく、「家族」としての絶え間のない「**日常生活の連続**」であることに気づかずに結婚してしまうと、後悔に発展するようです。

「相手のルーツ」を理解し、受け入れること

結婚に後悔が付いて回る理由の一つに、**当人以外の問題**があります。

大昔から存在する嫁姑問題ももちろんですが、たとえ同居していなくても相手の親や兄弟姉妹が、結婚の大きなリスク要因であることに異論はないでしょう。

「相手の家族」が原因となる諸問題については、結婚前の人にはピンとこないかもしれませんが、結婚している人であれば少なからずその大変さを実感したことがあるでしょう。

どちらの親が子供のランドセルを買うかでさえ微妙な問題になりますし、家を買うとき、どちらの親が多く援助してくれたかも後々大きな問題に発展することがあるのです。

また、最近多いのは**相手の親の過干渉**です。同居をしているわけではないのに、年中家に来て、あれこれと意見したり、聞いてもいないことにしたり顔で自説を展開したあげくに、子供の教育にまで口を出してきます。

私の知人の男性は、奥さんの母親が煩わしくて離婚してしまいました。子離れできない母親が年中入り浸って、よく買い物などにもついてきたそうです。

クルマの運転にも「そこ曲がるとこだったのに」とか「渋滞する道なんか選ばないで、もっと他の道を選べばよかったのに」と、文句ばかり言われていたそうです。

逆に、義母の肩を持つ夫に腹を立てて別れてしまった女性や、離婚まではいかないけれど夫婦関係がギスギスしてしまっている離婚予備軍もたくさんいます。

こうした問題は、結婚が相性や愛情だけではどうにもならない理由の一つです。

結婚すると付き合う世界が一気に広がるので、**当人同士の付き合いだけではないところに難しさがあるわけです**。

また、結婚が恋愛と大きく違うことに、**自分の人格を形成している育ちの違いが問題になるということがあります**。

姉さん女房のKさんは結婚当初、旦那さんが夕食の後、アイスクリームを食べるのをとても嫌がっていました。ただでさえ、太りやすいメタボ体質なのに、なんで寝る前に高カロリーのアイスを食べるのだろうかと健康のことを慮《おもんぱか》って、何度も注意していたそうです。

でも、旦那さんはいつも生返事で、その習慣を一向にやめる気配もなく、Kさんはイライラしていたというのです。

ところが、旦那さんの実家に泊まりに行った際、食事が済んでくつろいでいるときに、みんながそわそわしだして、「何、食べようか」と楽しそうにアイスを食べだしたのです。そこでKさんは、旦那さんの育った家庭では、夕食後の団らん時にみんなでアイスを食べる習慣があると知りました。

まあ、アイスを食べるという習慣は些末なことかもしれませんが、これが金銭感覚だったり、子育て哲学だったりすると、事態は深刻です。

しかし、こうした深刻なことであっても、問題の根っこが、**相手の育った環境とのギャップだった**ということはよくある話です。

日常生活そのものであるという意味で、相手の習慣やルーツの違いは根深い問題であり、それがなかなか見抜けないだけに後悔が付き物となります。

結婚は恋愛と違って、衝動や情熱だけではなく、**相手の生まれ育ちを理解し、受け入れるという深い付き合いが求められるのです。**

ビジネスパーソンこそ、結婚「後」を真剣に考える必要がある

「結婚と恋愛は違う」とはよくいわれることですが、同時に恋愛のまっ最中にあっては、これほど「耳に届かない」フレーズもありません。

一万人インタビューでも、結婚を後悔している諸先輩たちの話の中には、必ずお約束のようにこのフレーズは登場していました。

付き合っているときは、いかに相手の良いところしか見ていなかったか、どれだけわかったつもりでいても、いざ結婚してみると実はぜんぜんわかっていなかったかとか、こうした後悔は、実際に既婚者の多くが経験していることかもしれません。

結婚前はやさしくて頼もしく思えた男性が、いざ旦那さんになると、一切家事をやらないとか、やさしさは優柔不断の裏返しだったとか、頼もしさは強引さに変わってストレスになるといった妻側の後悔もよく聞きます。

また、付き合っているときは、誕生日、クリスマス、ホワイトデーなどのたびに、小まめにプレゼントやサプライズのイベントをしてくれたけど、結婚を機に「釣った魚にエサ

はやらない」旦那さんに変身してしまったことを嘆く女性がいかに多いことか……。

男性側も、結婚前は甲斐甲斐しく尽くしてくれた女性が、結婚後、料理はおろか家事も一切やらないとか、すっかりわがままになって、自分の思うようにいかないと怒り出すといった妻の豹変ぶりに、笑うに笑えない状況の人がいます。


しかし、そうした変化は相手への愛情を減退させる大きな原因ではありますが、先人たちが、結婚こそ人生の分かれ道だと後悔するのは、それとはまた少し違っています。

結婚において愛情は必要条件ではありますが、十分条件ではないのです。「愛情だけで何とでもなる」というのは非常に美しい言葉ですが、現実はそう簡単ではありません。どれだけ相手に対して愛情を持ち続けていても、日常生活にはそれだけでは乗り越えられない困難はたくさん存在します。

家事の分担問題から旅行の行き先、子供の習い事をどうするかなど、愛情だけでは解決できないことばかりです。

結婚が人生の分かれ道になるのは、**結婚後にどういう精神状態でどういう生活を送るか、いわばチーム戦で人生のマネジメントをしていくことと関係しているからです。**

どういう生活を送りたいのか、そのために相手と協力してどう過ごしていくのかという、夫婦の力で「**新しい日常生活**」をつくり出していくことが求められるのです。

これは一つの「**創作行為**」だともいえます。互いに助け合い、補完し合えるパートナーでなければ「家庭の創造」はできませんし、家庭がつくれなければ、理想とする人生もまた送れないのです。

逆に、一人では乗り越えられなかった困難も、二人なら乗り越えられることがあります。結婚で人生にレバレッジをかけられた人とは、この人生最大の分岐点で、**新しい「創作行為」に真剣に取り組んだ人たちなのです**。

もちろん、結婚はある種の勢いがないと「できない」ものでもあります。また、結婚前に相手の本当の姿を見抜くというのも、現実的には不可能です。

しかし、勢いばかりで、結婚「後」の生活に思慮が及んでいないと、先人たちのような後悔の二の舞になるのは火を見るより明らかです。

結婚は惚れた腫《は》れただけの問題ではありませんし、もちろん恋愛の「ゴール」でもありません。その後の人生プランそのものであり、ビジネスパーソンにとっては、何より結婚「後」を考えないといけないというのが、先人たちの後悔です。

婚活時代といわれるなか、結婚「前」ばかりが語られますが、焦って結婚することはその後の人生をダメにすることにもつながります。

近年、いかに結婚するかが多く取り上げられますが、結婚「後」の生活をいかにつくりあげていくかをもっと考えるべきなのです。

結婚は愛する相手を見つけることではなく、**愛し合い続ける相手を見つけ、自分たちだけの家庭をつくり出し、改善し続けることに他なりません**。そこには、相性や愛情を超えた「努力」と「技術」が必要なのです。

結婚は「修正主義」から始まる

そもそも、結婚はお互いの身勝手な妄想からスタートしている事実を認めることから始まります。なぜなら、男性も女性も、ほとんどの人が結婚直後から、自身が思い込んでいた結婚生活と現実が異なることに気づき始めるからです。

家庭内で自分がやることから、相手にやってもらうこと、お互いの距離感も含めて、その齟齬はたくさんあるはずです。どれだけお互いを知っているつもりでも、他人同士である限り、この食い違いは必ず起こります。

こうした思い込みや妄想を是正できないままだったら、遅かれ早かれ結婚生活は破たんしてしまいますが、これは相手選びを間違えたということではないのです。

結婚について回る後悔というのは、「相手選びの間違い」と思われますが、これは必ずしも正しくありません。もちろん、早々に離婚して新しい相手を探すほうがいい場合もありますが、ほとんどの後悔は**相手への関わり方と関係しているのです**。

最初からうまくいく結婚などは存在しません。

自分と異なる考えや習慣を受け入れる余地があるか、相手との齟齬を自分の変化の原動力とできるかどうかが分かれ道です。最初から出自の違う男女が、**お互いのベクトルを繰り返し合わせ続ける努力と工夫が必要なのです**。元和田中学校校長の藤原和博氏の言葉を借りれば、それは「**無限のベクトル合わせ**」だといえます。

考えてもみてください。職場でも部下やチームをマネジメントするとき、自分のやり方を押し付けてうまくいくでしょうか。さまざまな個性を持ったメンバーの主張を頭ごなしに否定したり、過ちを正論によって指摘したところでうまくいくでしょうか。

時には言い方を工夫したり、相手のモチベーションを高めたり、自分が心を開いてはじめて相手を深く理解できるわけで、お互いが常に歩み寄らなければいけないのです。

自分にとっての正解が相手にとっての正解とは限りません。我を主張するだけではダメで、時に妥協も必要になります。自分にとっての正解をぶつけ合う「正解主義」ではなく、自分の考えについても修正の余地を探りながら、お互いがすり合わせていく**「修正主義」**からスタートしなければいけないのです。

結婚もマネジメントです。

仕事ではマネジメントの大変さを理解している人も、家庭のこととなると、とたんに相性や愛情の問題で片づけてしまいがちです。

しかし、修正を無限に繰り返しながら、自らの手で幸せはつくっていかなければいけないのです。

ドイツの哲学者エーリッヒ・フロムは「愛は技術である」と言いました。愛は、相手と通じ合うための知識と努力によって叶えられるものなのです。

夫婦関係もまったく同じです。結婚とは技術であり、マネジメントの知識と努力によってしか、うまくいかないものなのです。

「結婚は技術である」というのは、一万人に及ぶ先人たちの後悔から導き出された最大の教訓かもしれません。

「面倒」と言ってしまえばそれまでです。けれど、そこから学ぶことは無限にあります。**自分に最大の負荷をかけることのできる千載一遇のチャンスでもあるのです。**この機会に向き合うか、逃げるかが人生の分かれ道です。

結婚を後悔している諸先輩たちは、驚くくらい「あのとき、もっと真剣に向き合えばよかった」という後悔をしています。後から考えると、自分の未熟さがわかるものなのです。

他者と向き合うというのは、時に自分を否定することになるのでとても大変なことです。ですが、お互いが「修正主義」の立場を取らない限り、うまくいく結婚などはあり得ないのです。

結婚は夫婦による「共同経営」である

結婚とは、他人同士が戸籍上一緒になるという契約にすぎません。

だからこそ、**幸せな家庭をつくるという「事業」の発想が必要です。**

これは、後悔している人もうまくいっている人も含めた一万人インタビューから、私が強く学んだことです。

そもそも「嫌なら別れる」という発想では経営などできません。

結婚生活においても、事業同様にお互いが歩み寄り、家庭をつぶすことなく、収支も考えながら、お互いが抱えたゴールに向かって着実に舵取りをしていく必要があるのです。

どちらかに過度に負担があると、すぐに経営破たんしてしまうのは想像に難くありません。

経営などというと味気なく聞こえるかもしれませんが、「愛情だけではうまくいかない」という先人たちの後悔は、**単に好き嫌いでは家庭を経営できないことを如実に表しています。**

事業においても、大小さまざまな問題が日々起こりますが、そのたびにステークホルダー（利害関係者）間で調整して、問題を解決していきながら事業を前に進めています。その無限のベクトル合わせを止めたとき、取引先が他社製品を選ぶ、債権者が支援を取りやめる、従業員が去ってしまう、などによって事業が破たんします。

これは結婚でもまったく一緒です。成り行きではできないのがわかっているのに、多くの夫婦はビジョンも計画も持たず「経営」しています。

また、ワンマン経営ならまだしも、「**共同経営**」というのも難しいところでしょう。

家事や育児の分担を巡ってぶつかり始めたときに、どちらかが一方的に言い分を通そうとすると、相手には「言いくるめられた感」が増幅し、憎悪に変質してしまうものです。

ここはお互い歩み寄って、どちらかが喜んで自発的に動いたり、相手のモチベーションを高められる仕組みをつくっていかないと、なかなか効果も出ないものです。

時には息抜きやボーナスも必要でしょうし、がむしゃらに困難に立ち向かうときも出てきます。

男には男の、女には女の役割があるとはいえ、共働きが前提の時代、どちらかに無理やり「庶務」を押し付けることもできません。あくまで共同経営なのです。だからこそ、夫婦で家庭という事業を「経営」していく発想が必要になるのです。

結婚生活は「**目標**」「**計画**」「**マネジメント**」だと考えるとわかりやすいでしょう。

感情だけに頼らず、お互いの夢を自分たちの言葉で伝え合い、すり合わせをしながら計画を立て、それをきちんとマネジメントしていけば、地雷を踏むリスクを最小限にすることも可能です。

根っこにある、限られた時間を管理する力、イベントを考える企画力、感情や意思を言葉で伝えるコミュニケーション力、お互いのベクトルを調整するマネジメント力を用いて、結婚というプロジェクトを成功させようという発想こそが必要なのです。

どうやら、家庭は放っておいて育つものではないようです。**自らコミットして最高のものにつくり上げなければならないのです。**そういう困難を乗り越えた人が、結婚を機に人生にレバレッジをかけられるのです。

結婚とは、家庭を経営するための**「人生最大のプロジェクト」**だといえるでしょう。

自分を「社会化」する一大プロジェクト

では、結婚を一つのプロジェクトと考えたとき、どのような変化が起こるのでしょうか。

例えば、私の知人のFさんは、結婚するまで相手に専業主婦像を描いていて、何でもやってほしいタイプの男性でした。ところが、結婚後の二人は共働きで、家事を奥さんにまかせては家が回りません。

奥さんが職場の共働きの先輩から、「食洗機は必需品で、夫婦の会話の時間が増える」と聞いてきて、当時一〇万円した食洗機を買おうとFさんに提案したのですが、Fさんは自分が洗えば済むと主張、奥さんが料理、後片づけがFさんという役割分担になったそうです。

すると、次第にFさんは後片づけだけでなく、土日の朝ごはんは自分でつくるというように発展していったそうです。

もともと凝り性の性格もあったと思いますが、今度は平日でもFさんのほうが早く帰ったときは、料理をつくるのが習慣になりました。そのことによって、Fさんには新しい趣味も生まれ、毎日の楽しみ方が変わったといいます。

もちろん、奥さんの負担も減ったので、夫婦にとっては会話の時間が取れるようになり、さらには料理という共通の話題もできたそうです。

最初は料理を相手に求めていたFさんが、結婚後、食事の片づけだけでなく料理までつくるようになったのは、必要に迫られたからというのが本当のところです。

しかし、そこには夫婦は「二人でひとつ」なんだから、手が空いているほうがやればいいという、Fさんの家事に対する向き合い方の変化があったのです。

「男の自分には料理はつくれない」「自分は男だから料理はつくらなくていい」という姿勢であれば、Fさんの中で生まれたような変化は起こらなかったはずです。

独身時代は自分だけで完結していた世界ですが、もう一人の登場人物が加わり、まったく別の新世界に踏み出すのが結婚だとすれば、Fさんはそこに適応するための普遍的な価値観へ自分を変えていったという意味で、**結婚によって自らの「社会化」を推し進めたということになります**。

自己完結している世界だと、なかなか外の世界とつながるのは難しいものです。

しかし、自分を他者や世の中という社会的な文脈の中でとらえることで、夫としての責任や妻としての使命感を感じたり、父としての喜びや母としての生きがいを感じることにもなります。

自分の価値観にこだわり続ける限り、知識は蓄積されていっても、人間的な成長ができているとはいえません。

もちろん、このことは、結婚にかかわらず他者との付き合いすべてにいえることですが、**結婚は個としての自分を「社会化」する最大のプロジェクトなのです。**

なぜなら、結婚はそもそも一人ではできないものなので、**必然的に他者と向き合わざるを得ないからです。**

そもそも結婚とは、社会的な制度です。社会が承認したことではじめて成立するのが結婚です。本人同士がどれだけ望んでも、周囲が認めないのは結婚ではありません。

その意味で、結婚とは最初から社会との関係を前提としたものであり、他者との付き合いをはじめ、相手の親や親戚、地域の住人とのつながりも求められるものです。

古くから世界中で行われてきたこの制度は、閉じた自分の世界を、開かれた社会へとつなげ、自分を社会化するための仕組みなのかもしれません。

子育てに真剣にコミットすることで、親の気持ちがはじめてわかったり、地域と深く関わったり、子供のために社会にとって良いことがしたいといった意識がわいてくるのも、自分だけの閉じた世界が開かれた社会とつながることを意味します。

そうした変化は、他者との関係の中からしか生まれません。

結婚していなくても自分を社会化することはできますが、そうした行為がどんなに苦手な人でも、他者と向き合わざるを得ない結婚は、社会的な人間になる最大のきっかけだといえます。

結婚は自由を奪い、目標を成し遂げられなくする邪魔物か？

結婚についてよくいわれることに、「束縛の制度」「人生の墓場」といった言い回しがあります。確かに結婚には、犠牲と幸福のトレードオフである部分はあります。

しかし、独身の人がよく言う「自分の人生を何より大切にしているから、犠牲になりたくない」「成し遂げたいことがあるから結婚は邪魔もの」というのは本当でしょうか。

面白いことに、実際に結婚を後悔している先人の中では、こうした理由の後悔はほとんどどありませんでした。それなりの犠牲は強いられていたけど、後悔自体はそこにはないということなのです。

これは、結婚というものが、経験する前と後ではだいぶ印象が違うものであり、結婚自体が犠牲を生み出すのではなく、**相手との関係構築の過程や、やり取りによって後悔が生まれていることを表しています。**

つまり、お互いのすり合わせや修正によって乗り越えられる人と、それをうまくできずに乗り越えられない人がいるというのが本音であって、結婚することで自分がなくなるとか、何かを達成できなくなるということではないようです。

事を成し遂げられる人は、結婚を上手にマネジメントし、相手のサポートも手にしながら次なるステージへと進化しています。むしろ、**原動力に転換しているのです。本人がどれだけ真剣に結婚生活にコミットしているか**、そこに大きな違いがあるようです。

さらに、結婚がもたらす苦難とは別に、結婚することで、結婚前には想像できなかった飛躍を感じている人がいることも、一万人インタビューからわかりました。

仕事でもそうですが、自分の中で完結できてしまうことは結構多いものです。ですが、**そこにはジャンプするような成長はありません。**

限界があったと気づくのは往々にして限界を超えた後なので、ジャンプした経験がないとなかなかわかりませんが、その気づきを生み出すのは結婚生活が一番大きいのではないでしょうか。

それは、一人なら簡単に逃げてしまえることが、結婚したことによって、「**逃げられない**」状況に変わるからです。

仕事でも人付き合いでも、自分の価値観を覆すことや、どうしようもないような苛立ちというのは生まれます。けれど、そこから逃げるという選択肢がある限り、ジャンプ台には立てません。

恋愛では、面倒になれば逃げられますが、結婚では絶対に逃げられないという状況があるのです。だから、問題と真剣に向き合わざるを得なくなる。すると、明らかに昔と比べて手にしているものが多いことに気づく、というのは頻繁に起こります。

逃げられないから、その覚悟で自分の限界に挑まざるを得ない。その結果、人として成長し、別のステージへとジャンプするというのが、**結婚による「ストレッチ作用」です**。

一人のときには二つの目で自分を振り返っていたのが、結婚することによって目の数は四つに増えます。その増加分が時にコーチやチームメイトの目の役割を果たし、より良い方向へ前進できたり、モチベーションを高めることができるのです。

相手から直接的なアドバイスを受けなくても、目標へ向き合う情熱の熱量は一人より二人のほうが時に増すことを、多くの先人たちが語っています。

何かを成し遂げようとするとき、**同じ目標を共有できる人がいるほうが、ずっと実現度は高いし、自分以外の人のために努力するほうが幸福感は高いと**、結婚でレバレッジをかけられた先人たちは教えてくれているのです。

不思議とうまくいく夫婦の法則

私は新卒でリクルートに入社し、営業マンとしてのキャリアを積みました。その後アメリカ留学を経て、法人営業のコンサルティングとオーダーメイドの企業研修を手がける会社を創業し、現在にいたります。

そういう意味では一見、まったく結婚とは関係のないキャリアに思えるかもしれませんが、名前が「寿」だからか、これまで随分たくさんの結婚をプロデュースしてきました。

大学時代や会社員時代、アメリカ留学時代も多くの合コンをプロデュースして、そこから結婚にいたった夫婦も少なくありません。

現在でも、藤原和博夫妻とともに、東京・青山にある「ダイアログ・イン・ザ・ダーク」で「暗闇婚活」をプロデュースして、実際に成婚者も出ています。

それには、一万人インタビューを通して、結婚が人生を左右するという事実を痛いほど理解していることと無関係ではありません。

今では、最初に会ったときに、うまくいく夫婦と別れる二人が、高確率で見分けられる特技もあるようです。

例えば、知人の結婚式に出席し、披露宴からの帰宅途中、友人たちとお茶をしながら、「あの二人、一年は持たないんじゃないかなあ」と、素直な感想を述べました。

結果は案の定というか、半年で離婚という結末になってしまいました。友人から、なんで別れると思ったのかと聞かれたのですが、別れる夫婦とうまくいく夫婦には、いくつかの相違点があるのです。

それは、キャラクターが違うとうまくいかないとか、顔が似ているからうまくいくといった都市伝説のようなものではありません。

これまで一万人に及ぶ諸先輩たちの後悔話からわかった、「**夫婦の法則**」のようなものを知っているからなのです。本書は、その膨大な結婚に関する後悔から五〇個を抽出してリストにしました。

この五〇のリストは、「こうすればよかった」という後悔とともに、うまくいっている夫婦の具体的な処方箋も同時に入れているため、「結婚を後悔しないためのリスト」となっています。

うまくいく夫婦は地雷をどう見つけ、どう対処したことによって新しいステージへとジャンプできたのか、そのヒントが多く隠されているはずです。

もちろん、最初からうまくいくような結婚などありません。結婚が愛情や相性だけでは決まらないことは、これまでも述べた通りです。結婚「後」にお互いが歩み寄って、お互いが変化しつつ成長すれば、いくらでもうまくいくはずです。

結婚式でうまくいく、いかないが何となくわかったというのは、二人の会話や接し方から、先人たちの後悔リストと重なる部分が多いと思ったからにすぎません。

その意味で、相性占いとか、男性と女性の心理学的・脳科学的な違いをベースにしたリストではありません。

しかし、多くの人がリアルに後悔している共通部分にこそ、**「夫婦の法則」**ともいうべき**真理**が隠されているのだという実感があります。

私自身も、これまであまりに多くの離婚にいたる生々しいエピソードとともに過ごしてきたため、それらを反面教師に、これまでの結婚生活を送ってきました。

ただ、私の結婚生活が円満であるから、この本を書くのではありません。

むしろ逆で、周りの人と同様にいつ離婚にいたってもおかしくなかった二人なのに、たまたま「こうしておけばよかった」という先人たちのおびただしい後悔を耳にしていたために、かろうじてクビの皮一枚つながっているようなものです。

しかし、私のことをよく知る人たちからは、結婚によって人生が好転した好例と目されていることは間違いありません。実際に結婚前と比べて、結婚後の仕事や生活が良い方向へと変わったことは確かです。

結婚とは、相性で一喜一憂したりするようなものではないはずです。**人生を良い方向に変える現実的な課題としてとらえ、それをいかにマネジメントしていくかを考えていきましょう。**

この本では、私が一万人に及ぶ先人たちの後悔から学んだ、結婚をマネジメントするための「リアルな処方箋」を、余すところなくご紹介します。

第1章

結婚で何より大切にしたいこと

List Number

01

仕事ばかりしなければよかった

この後悔は、特に男性が感じる後悔として非常に多いものです。

妻や家庭を顧みず、仕事ばかりをしていて、それが「**チリツモ**」として結果的に離婚にいたるダントツの原因でもあります。

仕事を一生懸命やるのは結構ですが、へとへとになるまで働いて、帰宅後は廃人のようになって家庭のことは何もできない、その余裕もないという人があまりに多いのです。

この三〇年で八倍にもなった熟年離婚の要因も、仕事ばかりして家庭を顧みない男性に原因の一端があることは間違いないでしょう。

現在、四〇代半ば以降の男性は、仕事を精いっぱいやって、安定的な稼ぎで家族の幸せを守ることが第一儀であって、そのためなら多少の犠牲はやむを得ないと思っている人は多いはずです。

特にサラリーマンの場合は、長時間労働、休日返上、サービス残業などは当たり前の世の中ですから、どれだけ家庭を大切にしたいと思っていても、急ぎの仕事を断って帰宅することは簡単ではないでしょうし、ワークライフバランスを意識しながら働いても、前提となる勤務先が赤字や業績不振では身も蓋もありません。

一家の大黒柱としては、頑張るしかありません。ただ、仕事ばかりでは夫婦の会話も減り、家族で過ごす時間も気力も徐々になくなってしまいます。

もちろん、妻もそうした事情はわかっていますし、共働きの夫婦であれば、お互いがサポートし合えるように協力していると思います。

しかし、**どれだけ仕事で忙しくても、優先順位の一位に「仕事だけ」を持ってきてはいけません**。結婚生活は生活基盤をつくるものですので、「仕事」と「家庭」は両方大切なものなのです。

仕事と家庭に優先順位をつけると、必ず仕事を「**言い訳**」にしてしまいます。家族旅行の行き先を決めるのも、「仕事が忙しいから」考えられない、子供の宿題を見るのも「仕事で疲れているから」できないと、人は常に「できない言い訳」を用意してしまいます。

けれど、仕事と家庭は両方大切なものですので、両方に向き合わないといけないのです。

これは非常に大変なことですが、**意識の中で二つを常に「同列」に考えるクセをつける必要があります**。

例えば、四〇代後半で旦那さんと離婚したGさんも、旦那さんの「言い訳」に嫌気がさした一人です。

中学受験を控え、社会科が苦手な息子さんのためにクイズ形式で問題を出してほしいと旦那さんに頼んでも、疲れきった旦那さんは「俺、そういうの、向いてないから」という一言。家族旅行のためのスケジュールを聞いても、「仕事の都合がまだわからない」と繰り返すだけだったそうです。

一方、Gさんがセッティングした友人家族とのゴルフ旅行となると、何食わぬ顔で参加するらしく、Gさんや息子にとっては、「自分たちとは行かないのに、ゴルフをするならついてくる人」になってしまったといいます。

実際の旦那さんの仕事の状況はわかりませんが、仕事が忙しいから家族旅行ができないのではなく、仕事を言い訳にして面倒くさがっているだけ、とGさんが感じてしまうのも無理はありません。仕事と家庭を同列に考えないと、こうした言い訳を必ずつくるようになってしまいます。

ただ、そうはいっても、くたくたに疲れているときには、考える余裕がないのはある意味仕方のないところもあります。

では、同様に忙しいビジネスマンでありながら、この仕事と家庭のバランスがうまくいっている人は、どのような工夫をしているのでしょうか。

その秘密は、「仕事だけ」にならないように、仮に毎日でなくても、**必ず週一とか隔週といった比較的短いピッチで、定期的に家族と向き合う習慣を持っているのです**。

どれだけ平日が「仕事ばかり」になったとしても、週末は真剣に家族と向き合うことで、家族の不満のチリツモは著しく解消されます。

四〇代で一部上場企業の社長になった知人は、とにかく平日は仕事に没頭させてほしいと奥さんに頭を下げて頼んだそうです。その代わり、土日は一切仕事を入れず、すべて家族のために費やすからと。超多忙な彼にとっては、休日を調整することもかなりの難関だったはずです。

しかし、仕事を言い訳にせず定期的に向き合ったことで家族の理解も得られ、自分たちのために頑張ってくれているという見方に変わって、家族の絆も深まったそうです。

夫婦間でもチリツモにならないためには、**言い訳をつくらず、定期的に向き合う時間をつくることです**。それが毎日である必要はありません。忙しい中でも、夫婦がお互いの状況を理解し合いながら調整していけば、どんな人でも必ずその時間はつくれるのです。

仕事と家庭を「同列」に考え、短ピッチで家庭と向き合う時間をつくる

List Number

02

家事の分担をしておけばよかった

家事問題は夫婦ゲンカの原因ナンバーワンですが、分担がうまくいかない夫婦も多いのではないでしょうか。

家事の分担については、育った環境にも影響を受けます。男性の場合、自分の父や祖父が家事をする姿を見たことがないと、炊事、洗濯、掃除、育児はすべて妻がやるものという意識がどこかにすり込まれています。この辺は悪意なく、そういう固定観念があるので、なおさらやっかいです。

また、結婚前には「家事はひと通りできる」「自分も手伝うよ」と言っていた男性が結婚後、ゴミ出しくらいしかやらなくなるのは非常に多いようです。

なぜ、男性はこのような状況になってしまうのでしょうか。一万人のインタビューで面白かったのは、この辺に男性の微妙な「**ソロバン勘定**」が働いていることでした。

家事の分担が続かない男性は、「仕事で稼いで家族を養っている」というプライドを持っています。夫婦共働きで、お互いがどれだけ協力し合っていても、そのプライドは彼を一家の大黒柱たるものにするのに十分な威力を持っています。

毎日忙しく働き、さらにはゴミ出しまでやっているのだからそれで十分だろうというソロバン勘定があるのです。「ゴミ出しだけでも、十分に「割り勘」になっていると思い、それどころか、自分のほうがより負荷を担っているくらいの意識があります。

しかも、やろうと思っていながらグズグズしているときに頼まれると、つい「カチン！」とくるもので、途端に不機嫌になってトゲのある言動をして、夫婦ゲンカに発展する人が多いのです。

家事はチリツモ離婚につながる大きな要素ですので、男性に無理矢理やらせるというのではなく、お互いが納得した形で分担をしていきたいものです。

では、家事の分担に成功している夫婦はどうしているのでしょうか。

先人たちへのインタビューから見えてきた成功例は、**最初に明確な「ルール化」を行って、少しずつ男性の家事スキルを高めていくというものでした**。

役割分担なのか、当番なのかといった運用ルールもさることながら、分担の理由を明確にしておくと、なし崩し的にルールが形骸化するということに歯止めがかかるようです。

例えば、共働きのある夫婦は、旦那さんが洗濯を担当し、回数も週二回と決めて運用しています。

あるいは料理でも、先に帰ったほうが食事の準備をすると決め、料理が苦手な旦那さんが先の場合は負担を減らせるように、携帯メールでやり取りしながら奥さん中心で献立を決めるとか、ごはんと主菜の下ごしらえだけやるといったルールを決めています。

緊急時やどうしても忙しいときの、「**例外ルール**」を設けたことでうまくいったという夫婦もいます。

忙しいを言い訳にすると、次第になしくずし的になってしまうので、最初から肩たたき券のような「免罪符」を物理的なカードでつくっておいたり、買い取り制にして、どうしてもやりたくないときは相手に販売するというのも、楽しく実行するルールのようです。

いずれにしろ、男性はフェアに決めたルールであれば、実践しようとするものです。**お互いが言い訳できないルールを最初に決めておく**ことが、家事分担の秘訣です。

最初は多少しんどくても、次第に「家事スキル」が上がっていけば、新しい喜びにもつながることは、うまくいっている夫婦も強調していました。

言い訳できない「当番制」「例外ルール」を決める

List Number

03

つい何でも相手任せにしてしまった

某飲料メーカーに『お〜いお茶』という商品があります。しかも、日本茶ではトップシェアときています。

この『お〜いお茶』こそ、何でも妻任せにしてきた日本の男性の態度を象徴するような名称ではないでしょうか。

前項では家事について触れましたが、私たちの家庭生活は家事だけでなく、育児、教育、学校行事、家族旅行、冠婚葬祭、親戚や地域社会との付き合いといった、それはそれはたくさんのことで構成されています。

協力的な男性が増えたとはいえ、まだまだ家のことは妻任せに「したい」、自分は仕事に集中「したい」という男性が多いことは事実です。

五〇代の主婦が「熟年離婚」を考える要因の第一位は「自分でできる些細なことでも相手にさせようとする」「自分が忙しくしているのに、家のことを手伝おうともしない」ことの蓄積だといいますから、つい何でも相手任せにしてしまったと後悔しているシニアは相当な数に上ります。

若い人からすると、それは昔の夫婦の話ではと思うかもしれませんが、この「**相手任せ問題**」は、早いところでは結婚式の式場選びや、新婚旅行の段取りあたりから実は始まっています。そして、決定的になるのが序章でも紹介した「**一歳危機**」です。

育児に協力しない夫に不満を覚え、「何でも自分ばかり」と感じる妻の鬱積は、子供が一歳になるころにピークを迎え、愛情の減退とともに、冷めた夫婦関係へと発展するようです。五二％の女性が離婚を考えたことがあるというのは、実に二人に一人が後悔しているということですから、男性にとっては背筋の凍るデータでしょう。

相手任せは、何気ない日常から「チリツモ」になっていくだけに、口先だけでごまかしていても、根本的な解消にはなっていません。

そこでよくいわれるのが、相手への「思いやり」です。もちろん、思いやりは大前提として必要ですが、忙しさや疲労感の総量が思いやりの総量を超えると、とたんに続かなくなるものです。

一歳危機という現象はまさにそれを象徴しています。どれだけ愛情があっても、やはり愛情だけでは対応できないのです。

根本的な解消法は、**自ら進んでコミットしたくなることを見つけ、それを伸ばしていくことです**。嫌々やるのではなく、やりたくなることを伸ばすというのは仕事と同じです。自ら進んでコミットしていけば、仕事のキャリアとは別の「**家庭内キャリア**」をつくることができます。そもそも男性は、仕事のキャリアを家庭に持ち込みやすいものですが、家庭内キャリアはゼロからつくっていかなければいけません。

家庭内キャリアが築けると、**仕事と同様に家庭をより自由にマネジメントでき、自分自身も楽しさを実感できるようになるのです**。仕事でも同じように、その分野のスキルが高まれば高まるほど相手からの信頼も勝ち得て、自由裁量権も広がります。

私はこれまで多くの経営者や役員たちに薫陶を受けてきましたが、公にはされない「私」の部分で驚くような事実がたくさんありました。

その一つに、企業のトップや役員は「何でも奥さん任せ」が少ないということです。家庭内でも、きちんと自分の役割をこなしている人が非常に多いのです。

売上ウン兆円企業の役員が朝、五時半に起きて、中学生の娘のお弁当をつくっているなんて誰が想像するでしょうか。それはむしろ部下の前では見せたくない姿かもしれません。

さすがに、娘さんのお弁当は奥さんが急逝されたために「必要に迫られて」始めたことのようですが、やらない言い訳はいくらでもできたはずです。

これは、多忙な日々の中でも「教育が大切」という思いが、「苦手な家事」を克服した典型です。この方にとっては教育こそが人をつくるという強い思いがあり、**それは他人任せにしたくないことでした**。その延長で料理だけでなく、家事全般の雑事をやることを苦と思わなくなったようです。

また、家庭内キャリアが築けると、仕事と同様に家庭をより自由にマネジメントでき、自分自身も楽しさを実感できるようになります。先の役員さんは子育てに強くコミットしたことで、子供からの信頼を勝ち得、何でも相談してもらえる仲になったようです。

チリツモの逆で、家庭内で信頼を勝ち得るにも、何か一つのことがきっかけになるのではなく、日常の積み重ねです。それをキャリアだととらえれば、**積み上げたスキルによってさらに楽しく家庭をマネジメントすることができるのです**。

面倒だと言い訳をせずに、「家庭内キャリア」を築くことで、その分野で偉くなることを目指したほうが結果的に楽しい毎日を送れるようになるのです。

自分の好きなところから「家庭内キャリア」を築いていく

List Number

04

相手の価値観をもっと理解すればよかった

離婚原因ナンバーワンは男女、世代を問わず「性格の不一致」ですが、最初から性格がピッタリ一致することなどあり得ません。

相手に好感を持てば許容量が増しますから、みんな性格が合って結婚したように錯覚しているのです。

交際の段階で、性格が合わない、そりが合わない、生理的にダメというマイナス部分はある程度明らかになりますから、結婚を決断した以上は性格の一致、不一致はクリアしているはずです。

それなのに、なぜ結婚後に「こんなはずじゃなかった」という後悔に遭遇するのでしょうか。一万人インタビューの後悔を総合すると、どうやら性格の不一致というより、価値観の不一致、もっと正確に言うなら「**相手の価値観の理解不足**」にあるようです。

性格同様、個人の価値観がピッタリ一致することなどあり得ません。仕事観、教育哲学、モラルに関しての価値観は一致するけれど、金銭感覚が合わないというように、各カテゴリーによって「一致するもの」と「一致しないもの」があるはずです。

その一致していないこと、つまり自分の価値観や常識を一方的に押し付けてしまったことによって、相手にはストレスが鬱積していき、ある時点で臨界点を超えて爆発するというのがお約束の破局パターンです。


日常の積み重ねだけに、三行半《みくだりはん》を突きつけられたほうは、そんなことが離婚の原因になるほど深刻だったのかと、そのときになって思い知らされるのですが、どうやら家庭内を円満に保つのも、仕事と同じように調整、つまりは**無限のベクトル合わせ**が必要なのです。

ベクトル合わせは、**まず相手の大切にしている考え方を理解する**ことから始まります。

例えば、三〇代後半のHさん夫婦の場合、Hさんは裕福な経営者の娘として生まれ育ち、旦那さんは商店街の飲食店で生まれ育ちました。

恋愛結婚でしたが、結婚を決める段階で、Hさんはお母さんから「生活レベルが違いすぎるから、結婚して苦労する」と助言されたそうです。

Hさんは、それを気にもせず結婚したのですが、お母さんの助言が現実となったのは、子供が生まれてからです。

Hさんは欲しいものは必要である限りはいつでも買ってもらえる環境で育ったため、自分の子供にもかわいいと思った服や欲しがるおもちゃをその都度買っていたそうです。けれど、旦那さんから「なんでそんな高いもの買っちゃうの！」と怒られたといいます。

欲しいものは誕生日かクリスマスプレゼントでしかもらったことのない旦那さんには、自分だって欲しいものをずっと我慢してきたのに、子供に何でも買い与える習慣は贅沢すぎるのではないか、子供に我慢を教えられず、甘やかしてしまうのではないか、と映ったのでした。

まさに「育ち」の違いで、悪意に解釈すれば、Hさんから見れば旦那さんは「ケチ」な人間ですし、逆に旦那さんから見れば、Hさんは「浪費家」なのです。

Hさんと旦那さんを逆にしたパターンも含め、こうした金銭感覚の違いが夫婦関係をギスギスさせてしまった例は数多くあります。

そのため、後から相手の価値観をもっと理解しておけばよかったと後悔する人が多いのですが、問題は「価値観を見抜けなかった」からではありません。**相手の価値観への「理解不足」なのです。**

Hさんはそのことに気づいて、買う前に旦那さんに相談するようにしたそうです。それも旦那さんの視点に立って、彼が言うであろうことを先に自分から言うようにしたのです。

例えば、「(子供が) ○○を欲しがっているんだけど、高いけど買う?」という言い方で相談すると、「高いけど、欲しいって言ってるんだから、買うか」と旦那さんの反応は一八〇度変わったそうです。

旦那さんは、相談もなく**一方的にHさんの価値観や常識を押し付けられることに違和感を持っていたのです**。Hさんから相談され、話し合って決めるというプロセスを経ることで、Hさんの常識でもなく旦那さんの常識でもない、H家としてのベクトル合わせができたわけです。

結婚生活はどちらかの価値観を押し付けるのではなく、無限のベクトル合わせをしていかないと、早晩どちらかのストレスが爆発することにもなります。その第一歩は、お互いの価値観をきちんと理解することから始まるのです。

自分の価値観を押し付けず、背景にある違いを理解する

List Number

05

夫婦のコミュニケーションが足りなかった

離婚という最悪の事態ではなくても、冷温停止状態の夫婦関係で、このままでいいのかという危機感を持っている人は意外に多いものです。

そうなってしまった要因には、チリツモとして積み上がっていく**夫婦間のコミュニケーション**にまつわることが非常に高いウエイトを占めています。

ところが、そうした夫婦関係に陥ってしまった遠因がコミュニケーションだった気づく人は意外に少なく、男性も女性も無自覚な人のほうが多いのです。

気づいた人はこれまでのコミュニケーション不足を後悔して、改善の糸口を模索しますが、そこを認識することができなかった人は、後でその原因を知って、「なんだ、その程度のことだったのか」と後悔するのです。

「言い方」の問題については次項で詳しく解説しますが、ここでは、その大前提となるコミュニケーションの取り方について、先人たちの工夫をご紹介しましょう。

男性でも女性でも話が好きな人もいますし、逆に無口な人もいますが、その前に**男性と女性ではコミュニケーションに対するスタンスがまったく異なります**。

よくある光景ですが、仕事で疲れて家に帰った瞬間から奥さんが機関銃のように話を始め、聞いているほうは彼女が何を言いたいのか要領をつかめず、しかも、その話は延々と続いて、放っておけば二〇分でも三〇分でも止みそうにないという気配。

そこで、ついつい「結論から言ってくれるかな」とか「それってこういうこと？」と応じてしまい、相手の反感を買ってしまうというのは、男性の大多数が経験していることでしょう。

女性からすれば、ただ聞いてほしかっただけなのに、結論を迫られたり、先回りされて要約されたりしてしまったら、それこそコミュニケーションの意味を成さなくなってしまいます。

男性からすれば、へとへとになって帰ってきたとたんに緊急度も重要度もないような話に延々付き合わされるのは、拷問に近いものがあります。

そこで、夫婦ゲンカになったり険悪な感じになったのを経験した男性は学習して、半分くらいは聞き流し、ポイントを抑えながらリアクションするような妙技を身につけたりするのです。

しかし、この「聞き流す技術」というのを身につけてしまうと、男性は本当に何でもかんでも聞き流してしまうので、それでは結果的にコミュニケーションが取れているとはいえません。

コミュニケーションとはある程度、共有量に左右されます。日頃から頻繁に会話をしている夫婦であれば、たまに聞き流すことは問題ないでしょうが、帰宅後の会話が唯一のコミュニケーションという夫婦であれば、いずれ亀裂が入ることは目に見えています。

これは不思議な現象なのですが、夫婦ゲンカのたび、「離婚」というキーワードが登場するような夫婦でも、日頃のコミュニケーションが取れていると離婚までいたりません。

日頃のコミュニケーションでもっとも重要なのは、**夫婦間でも「おはよう」「おやすみ」「いただきます」「ありがとう」という挨拶や感謝の言葉を交わす習慣です。**こうした接点があるだけで、冷え切った関係にはならないようです。

一見当たり前のようにも思えますが、一万人インタビューを通して、意外にこの挨拶に気をつけている夫婦が多いのには驚かされました。

結局のところ、挨拶を交わし合うコミュニケーションのライフラインがあれば、そこにさまざまなことを落とし込めばいいので、まずは、**そのラインが常に確保されていることが重要です**。

プロジェクトマネジメントでいうところの、「報・連・相」（報告・連絡・相談）ではありませんが、その接点があれば、自然と会話に発展するということなのです。

普段から、コミュニケーションの共有量を増やすことに意識的にならないと、いざというときには取り返しがつかなくなってしまいます。そのためには、まずは挨拶という当たり前のことから始めておくことです。

そして、**何かあるたびにじっくり話す機会を設けるのがいいでしょう**。会社やプロジェクトでは「じっくりミーティング」と呼んでいますが、それを家庭でも実践するわけです。

当然、挨拶だけでうまくいくほど夫婦間のコミュニケーションは簡単ではありませんので、毎日小さい接点を持ちつつも、何かあるたびに、じっくり夫婦で話し合い、ベクトル合わせをしていくことが必要です。

「**毎日コンスタント型**」と「**じっくり型**」の二つを兼ね合わせること、これが夫婦の関係を前進させるコミュニケーションの秘訣のようです。

「毎日コンスタント型」で接点をつくり「じっくり型」で話し合う

List Number

06

言い方をもっと考えればよかった

前項ではおもにコミュニケーションの基本姿勢についてご紹介しましたが、ここではもう少し突っ込んで、「言い方」について解説しておきましょう。

夫婦ゲンカの引き金というのは、**だいたい「相手の言い方」にカチンときたことから炎上してしまうことがほとんどです**。

例えば、前の項で紹介した、男性の言いがちな「結論から言ってくれるかな」とか「それってこういうこと？」などは、女性を怒らせるNGワードの代表格ですので、過去に大変な思いをした男性も少なくないはずです。

最近ではあまりないかもしれませんが、「俺が一家を食わせている」「俺の時給をいくらだと思ってるんだ」という迷文句で別居した先輩たちもいるくらいです。

一方、奥さんから旦那さんへのNGワードの最右翼は「〇〇してくれる？」「ちょっとは×××してくれない？」といった依頼のフレーズです。

この言葉の破壊力に気づいている女性は多くないかもしれませんが、男性の多くは些細なことでも依頼されるのが大嫌いで、ちょっと何かを頼まれただけでも、それを負担に感じて、ストレスが急上昇するのです。

すでに破局してしまいましたが、Iさんも旦那さんへの言い方をもっと考えればよかったと後悔している一人です。

あるとき、スーパーに行こうと歩いていたIさんは、偶然クルマで通りかかった旦那さんを発見し、停車してもらったそうです。ラッキーと思って、「スーパーに行くんだけど、乗っけてって」とニコニコしながら言ったIさんでしたが、返ってきたのは「えっー」という短い返事と、いかにも嫌そうな表情だったのです。

Iさんなら頼まれなくても送るので、この旦那さんのリアクションには心底がっかりしたようです。その場はやり過ごしたそうですが、彼女の中で、旦那さんへの不満が「チリツモ」にカウントされたことは言うまでもありません。

旦那さんがその後、どんな予定があったのかはわかりませんが、女性からすれば、このリアクションに心が狭いと思うのは当然かもしれません。

しかし、実際にこの場面でIさんの旦那さんと同じリアクションを取る男性は、女性がビックリするくらいに多いのです。

言い方において、**もしーさんがその後の旦那さんの予定や、そのときに急いでいるのかどうかを慮るフレーズがあれば**、お互いに不愉快な思いをせずに済んだかもしれません。

Iさんは旦那さんの状況を無視して依頼フレーズを使ったわけですが、旦那さんからすれば、気分的にどうしても一人でいたい理由があったのかもしれません。

一方で、男性の微妙な心理を心得ていたIさんの友人Jさんは、結婚当初から旦那さんに対して、「**絶対に依頼と指摘だけはしない**」と決めていたそうです。

仕事でプロジェクトマネジメントのリーダーを務めていた経験から、**人は誰かから依頼されると嫌がる動物だと心得ていたのです**。

そのJさんは共働き夫婦でしたが、最初は洗い物やゴミ出し以外の家事を全部自分でやっていたそうです。

しかし、「タマネギ刻んで、えっとブイヨンは……」とかワザとぶつぶつ独り言を言いながら、バタバタ家事をこなしていると、旦那さんが覗いてきたり、話しかけてきたりするので、そのタイミングを見逃さなかったというのです。

しかも、「○○やって」とか「×××手伝ってくれる?」という依頼のフレーズを使わず、覗き込んだ旦那さんに「鶏肉って、こうやって皮をはいで使うんだけど、やってみる？」とか、興味を持つことを徹底的に伸ばすように心掛けたといいます。しかも、「あれ、すっごい上手だね！」と大げさに褒め続けたそうです。

また、「洗濯物は干す前にパチパチ叩くとしわが伸びるのよね、これやってみる？」と言って、洗濯、掃除、料理にいたるまで範囲を広げ、結婚一〇年を過ぎるころには、旦那さんは家事のほとんどをマスターしてしまったというのです。

Jさんは、子供や部下と一緒で**「旦那は育てるもの」**と言い切っています。男性側からすれば、少なからず自分の単純さに気づいていると思いますので、このJさんのやり方には感嘆するのではないでしょうか。

男性、女性に関係なく、嫌なことを依頼すれば、そこに対立軸が生まれてしまいますが、**相手の好奇心や手伝わなければという自発的な意識を肯定した言い方を考えるだけで**、事態は良い方向に進みます。

誰しも、自分の状況を理解されずに命令されたり、今の状況を否定されればカチンときてしまいますが、相手を尊重する「**肯定力**」で向き合えば、お互いが希望している方向に結果を持っていけるのです。

人を動かすというのはビジネスでも大変なことですが、工夫次第で相手に気持ちよく自発的に動いてもらうという状況はつくり出せます。

面倒に思えるかもしれませんが、他者とコミュニケーションを取るということは、相手を認め、尊重するということですので、一方的な言い方にならないように気をつけましょう。

相手の状況を尊重し、自発性をうながす「肯定力」で人を動かす

List Number

07

お互いのビジョンを話し合っておけばよかった

恋愛のゴールとして結婚したり、はたまた「でき婚」だったりすると、場合によっては結婚「後」についてあまり突っ込んだ話をせずに、結婚生活に突入してしまうことも少なくありません。

結婚は「勢い」という側面も強いので、それはむしろ仕方のないことでもあります。

しかし、その「勢い」がずっと継続してくれればいいのですが、結婚生活は淡々とした日常の繰り返しです。その中で、新婚のラブラブだった時期にはいつの間にか幕が下りてしまって、「一歳危機」やすれ違いという状態に突入していくのです。

もちろん、愛情は何より必要ですが、結婚「後」の生活を考えることが大切だというのは、**その後の人生プランを考えることと同じなので、愛情とは別にお互いのビジョンを話し合う必要があります。**

お互いに愛情を持っていながら、このビジョンの違いで別れてしまった夫婦も多く、こではその後悔をご紹介しましょう。

起業を夢見ていたBさんは、誰もが知っている大手企業に勤務するサラリーマンで、奥さんとは二〇代で職場結婚をしました。

奥さんは非常に優秀な庶務で、気が利く上に仕事が速くて正確、人事異動のたびにマネジャー間で争奪戦になるほどの逸材でした。奥さんもBさんの独立志向を頼もしいと思っていましたし、将来、起業するという夢を二人で追いかけようと考え、恋愛結婚しました。

しかし、三〇代になって創業資金の目途が立ったある日、居酒屋を出したいと奥さんに打ち明けたところ、大反対され離婚してしまったのです。起業に協力的だった奥さんでしたが、まさかBさんが居酒屋で独立しようとは思ってもいなかったようです。

今の仕事は居酒屋とはまったく異なる業種で、プロでさえ三年後の生存率が三割、一〇年後の生存率が一割といわれる飲食業の世界に、まったくの素人が手を出してうまくいくはずがないと奥さんは大反対したのです。

Bさんのビジネスプランにどこまで成功する可能性があったのかはわかりませんが、問題は成功率ではありません。Bさんから見れば、一世一代の勝負を理解してくれない奥さんへの不満はピークとなり、その後の人生設計を狂わすはめになりました。

一方の奥さんにとっても、仕事も家庭も順風満帆で理想どおりの結婚生活を送れており、しかも、いずれ夫が独立する際は家庭も仕事もしっかり支える覚悟ができていたにもかかわらず、夫が託した夢が居酒屋という決断だったことで人生設計を狂わせてしまいました。

二人は話し合い、結果的に居酒屋経営という夢はあきらめたのですが、**ここではじめてお互いのビジョンの食い違いというものに気づいたといいます**。

Bさんも居酒屋経営という夢を泣く泣くあきらめたのですが、その後、Bさんにとっては自分に理解のない妻、奥さんにとっては、自分のことばかりで家族を顧みない夫というギャップが生まれてしまったそうです。そしてその後、お互いにそのミゾを埋めることができずに、最終的には結婚生活にピリオドを打ってしまったのです。

このBさん夫婦については、Bさんに共感する人も、奥さんに理解を示す人もいると思います。

ただ、もっと前にお互いのビジョンを話し合っておけば、ベクトル合わせの余地は十分に残されていたはずです。Bさんがギリギリまで夢が居酒屋であるのを隠していたのは、それを言うことで、奥さんが反対するのがわかっていたからです。だから、自分なりに準備をし、恐らくこれならいけるという確信を持って奥さんに話したのです。

しかし、奥さんからすれば、もしかしたら居酒屋であることが反対の理由なのではなく、**その段階になるまで相談されなかったこと、自分で勝手に何でも決めてしまったことに不満を感じたのかもしれません。**

ビジョンというのは、何を大切にして、どんな人生を、どのように送るかという方向性です。ビジョンを語るというのは、**思い描く姿を「自分の言葉」で「相手にわかる」ように描写することです。**

ワンマン社長であれば、そのビジョンを社員や役員の前で一方的に語ることがほとんどですが、家庭内では二人が共同経営者ですから、お互いがビジョンを語りながら、その方向性を調整することが不可欠となります。

Bさんの場合は、独立というところまでは奥さんの理解は得られていたわけですから、後はその中身のすり合わせがもっと前の段階から頻繁にあれば、事態は変わってきたはずです。

逆に、自分のビジョンを相手に頻繁に語り、結果的にサラリーマンから社長に昇りつめて本人の望む人生を手にしたある経営者がいます。

彼は結婚当初は、二〇代後半で主任だったのですが、この時期から毎年、元日に必ず自分の掲げているビジョンに沿って、その一年の夫婦としての計画を発表していたそうです。そして、それを夫婦間ですり合わせ、奥さんも奥さんの計画を発表していたといいます。三人の娘も大きくなると一家の「事業計画」に加わり、それぞれに自分の計画を話すようにさせたそうです。

こうなるとほとんど会社です。ちなみに、この経営者は自分のお母さんにも計画の発表を促したそうですが、笑って応じることはなかったみたいです。

私もこのエピソードを聞いたときには冗談かと思って笑ってしまいましたが、**確かに夫婦間や家庭においても目標や計画がなければ、その方向には進めないわけです。**

毎年、前年を検証の上、目標を再設定するまさにＰＤＣＡ（計画、実行、修正、再実行）サイクルは効果が出るだろうと感心したものです。

結婚というプロジェクトを通して、自ら望む人生を手にするには、パートナーや子供も巻き込んで、早いうちからお互いビジョンを話し合い、そのフィードバックを受け入れるような仕組みをつくり続けることが大切なのです。

日頃から「事業計画」を話し合い、ＰＤＣＡでマネジメントする

List Number

08

自分の時間を確保できなかった

三〇代でも四〇代でも時間にまつわる後悔は多いものですが、特に結婚後の時間に関する後悔は、相手に左右される部分が多いだけに難しい問題です。

ただでさえ仕事に時間を奪われ、その上に家事の分担がのしかかるので、**結果的に「自分時間」を持てないことが、目に見えないストレスの要因になると**、先人の多くは主張しています。

もちろん、夫婦のどちらかが無理矢理、自分時間を確保しようとすると、相手にしわ寄せがきてしまうこともありますので、必ず事前に話し合うことが必要です。

特に男性側の意見として、自分時間を確保できないと、「**犠牲**」になっている感情が芽生えてしまい、夫婦生活に向き合えなくなるので、何が何でも確保する努力をしたほうがいいという声が多かったです。

もちろん、男性女性にかかわらず、光のように過ぎ去る日常の中で自分を取り戻すような時間を確保することは大切です。子供のいる家庭ならなおさら、自分以外のことに時間を取られてしまいますので、夫婦がお互い前を向いて歩んでいくためにも、お互いの時間を尊重することが夫婦円満の秘訣です。

相手にとっては「逃げている」ようにしか見えない時間であっても、本人にとっては大切な時間だったりするので、**この時間はいかに自分にとって大切かを相手に理解してもらう必要があります**。

その上で、他の時間ではちゃんと家事をやるといった取り決めをすることです。時間の使い方が問題なのであって、相手が自分時間を取ることに不満を持つ人はいないはずです。

その辺をやり繰りしている夫婦は、スケジューリングが非常に上手だということが、諸先輩の話からわかりました。

彼らに共通しているのは、**家庭でもちゃんと先に予定を立てているということです**。

職場でも、ちゃんと結果を出していながら夏休みをきちんと取れる人がいる一方で、朝から晩まで働きづくめで、当然長期休暇も取れず、それなのに大した成果も出せてない人がいます。

その違いは、休みが取れる人は、場当たり的に休暇の予定を立てるのではなく、**最初か**

ら休みをスケジュールに組み込んでいるのです。「いつか暇になったら」と思っているだけでは永遠に長期休暇など取れませんが、最初からこの日に休むと決めておけば、必然的に他のスケジュールを調整して、何とかなるものなのです。

ベストセラーとなった「レバレッジシリーズ」で有名な本田直之さんは、ハワイと東京のデュアルライフを実践していますが、彼は一年の最初に、ハワイで過ごす日と東京で過ごす日を決めるそうです。

もちろん、イレギュラーな予定が入ってくることはあるでしょうが、基本的な予定を先に決めておくことで、何が何でも実行しようと仕事にもメリハリがつきます。

どんなに予定が立てづらい仕事であっても、工夫次第で何とでもなることは、実践している人の姿を見れば考えさせられるはずです。

日常生活の中でサラリーマンが自分時間を確保するには、基本的には、朝時間と夜時間、そして週末しかありません。週末にも「朝・昼・夜」という分け方を適応すれば、土日で六コマの時間割で考えることになります。この時間をいかに活用するかというのが、もっとも現実的な対処法です。

週末はゆっくり寝たいかもしれませんが、例えば、土曜日の午前中は自分時間として確保するとか、子供がいる夫婦で、自分時間を土曜日の午前中は夫が取り、日曜日の夜は妻が取るといった工夫をしている夫婦もいます。

専業主婦であっても自分時間は必要ですから、第二水曜の晩は「ノー家事デー」に定めて、旦那さんが代わりに家事から子供の世話まですべてをやるといったルールをつくっておくというのが先人たちの智恵でした。

いずれにしろ、**場当たり的にやろうとすると必ずなあなあになるので、お互いが話し合ってルールにし、最初からスケジュールに組み込んでおく**というのが実行するためには大切なのです。

ちなみに、これはあまり褒められた方法ではありませんが、最終手段としてアドバイスしておくと、意外と多かったのが、「休日偽装出勤」です。

奥さんが苦しいときにやるのは反則ですが、超多忙な人が壊れずに何とかやっていくために、休日に仕事と偽って自分時間を確保している人も案外多かったこともご報告しておきます。

話し合って、最初からスケジュールに「自分時間」を組み込む

第2章

「相手を知る」ために押さえておくこと

List Number

09

相手の良い部分ばかり見ていた

古くから「恋は盲目」「あばたもえくぼ」といわれるように、恋愛はマイナス面をプラス面へと転換させる力を持っています。人を見る視座を変え、困難さえものともしない力になるという意味で、恋愛は力強いものです。

ただ、その勢いで結婚すると、結婚「後」に思わぬ後悔をすることにつながります。

例えば、大学一年のときから今の旦那さんと付き合って、二〇代のうちに結婚したLさんの場合、結婚前の旦那さんはマメでやさしく、一緒にいるときでも、Lさんは自分でクルマのドアの開け閉めをしたことがないほど、レディーファーストも徹底されていました。

旦那さんのやさしさ、マメさが気に入って結婚、二人の子宝にも恵まれましたが、なんと旦那さんの浮気が発覚、しかも相手も複数という事態になって結局別居となり、現在は離婚調停中です。

旦那さんはどんな女性に対してもマメでやさしかったのです。別居してはじめて、旦那さんが同性から「女たらし」と呼ばれる種族だったと気づいたそうです。Ｌさんは結婚までにそこまで考えがいたらなかったことを心底後悔していました。

長所と短所は表裏一体だといわれています。「しっかり者」が「いちいち細かい」に、「やさしい」が「優柔不断」に、「芯が強い」が「頑固者」に反転するなど、手のひらを返すように印象が変わる経験をしている既婚者は本当に多いでしょう。

逆に、男性側の結婚後にわかった思わぬ後悔では、「カワイイけどちょっとわがまま」だった彼女が妻になったら、ちょっとしたことですぐ腹を立て、機嫌が悪くなるだけでなく、怒鳴る、キレるで閉口しているといったものが多いです。

恋愛中は、多少のワガママもカワイく見えてしまいますが、世に言う恐妻家という人たちは、妻のワガママをプラスに転換していたところが多分にあるようです。ひどくなるとＤＶに発展するケースもあり、最近は奥さんのＤＶで離婚する男性も増えています。

あるいは、見た目に気を使うオシャレな彼女が、奥さんになるとお金の使い方で苦労したり、不器用なところがカワイく見えたけど、結婚したら料理の下手さに辟易している人も多いのは事実です。

恋愛であれば、相手の良い部分ばかりを見ることはむしろ恋心を燃え上がらせる要因になりますが、結婚となると、それが後悔のタネに変わることは知っておきたいところです。

もちろん、短所ばかりを気にしていてはいつまでたっても結婚などできなくなってしまいますから、あくまで長所とのバランス、差し引きで評価するのが肝心です。

これを「計算」と言ってしまえば身も蓋もありませんが、やがて訪れるかもしれないリスクが**お互いの歩み寄りで調整できるかを予想しておくことは、結婚「後」に後悔しないためには必須です**。

もちろん、夫婦が「修正主義」の立場に立って、結婚「後」に相手の価値観を受け入れながらベクトル合わせをしていくことが、結婚がプロジェクトたる所以《ゆえん》ですが、プロジェクトメンバーを選ぶ自由もあるわけですから、そこは慎重にチェックしたいところです。

長所に見えたことが短所になる可能性を考えながら、その後起きそうな悲劇をリスクヘッジすることも意識しておきましょう。

長所が短所に変わるリスクを見積もる

プロジェクトにおけるリスクマネジメントと同じように、リスクに目をつぶるのではなく、それが許容範囲に収まるものなのか、自分が補完できそうなことなのか、それとも、受け入れがたいことなのかを見積もるようにすることが大切です。

List Number

10

結婚後、相手の長所が短所になった

前項で、結婚前にはいかに相手を見抜けないか、長所が短所に変わるリスクについて触れ、そのリスクを見積もる必要があることを解説しました。

それはおもに結婚「前」に見抜くことが前提ですが、それでもリスクヘッジできずに結婚してしまった場合はどうすればいいのでしょうか。ここでは、その対処法について、もう少し掘り下げてみましょう。

長所が短所に変わるというのは、非常にわかりづらいことは事実です。

仕事ができるというのは長所には違いありませんが、「1　仕事ばかりしなければよかった」で見たように、家族を顧みず、仕事に没頭し大切なものを失ってしまったことを後年悔いる人は後を絶ちません。

奥さんから見れば、仕事のできる旦那さんは頼もしい存在であり、生活基盤もしっかりしていて、それを長所と判断して結婚したはずです。

ところが、平日は残業や接待、付き合い、部下のフォローで午前様、一緒に夕食を取るどころではなく、休日は接待ゴルフ、会社のコンペ、残務整理の休日出勤で、ほとんどコミュニケーションがないどころか、顔も合わせないような生活が続き、「なんか違う……」という疑問を持つようになりがちです。

夕食はいつも一人、休日も一人、体の調子が悪くても、病気で寝ていても旦那さんはいつも仕事では、いったいなんで結婚したのかもわからなくなってしまいます。

こうした生活が半年、一年も続けば、仕事ができる、生活基盤がしっかりしていて安定的という長所は、家族に向き合わない、家族に無関心な仕事人間という短所に変わってしまいます。

他方、旦那さん側から見ると、恋愛時代、彼女に気が利く人、世話好きという長所を見出していて、デートのときに手づくりのお弁当をつくってきてくれたり、自分の部屋を掃除してくれたりする家庭的なところが気に入って結婚したものの、半年、一年してみると全部のことに口を出され、手を出されることに辟易して、束縛を感じるようになったりもするのです。

もともと旦那さんにあれこれ世話を焼いてくれるのは、愛情がなければできないことです。それを行動だけをとらえて「あー、もう放っておいてくれ、束縛しないでくれ」と感情を爆発させてしまっては、「感情保存の法則」ではありませんが、その悪感情がそのまま奥さんに移動、今度はそれが引き金となって、奥さんの普段我慢していたネガティブな感情を誘爆して、お約束の悪感情のキャッチボールのような夫婦ゲンカになってしまいます。

こうした相手のポジネガ転換に対処できた先人たちは、**感情で受け止めず、長所に思えていたことが短所になることの「背景」を知って、腹に落としていました**。我慢するという意味ではありません。背景にある理由に納得がいけば、腹を立てることも、感情的になることも随分と抑制されるのです。

仕事においても、感情的になってクレームを訴える顧客に対しては、まずその起きている現象を正確に把握し、その問題が起きた要因を客観的に分析するところから解決の糸口を探すはずです。

短所に見えてしまった要因に合点がいけば、腹を立てることにはならないでしょうし、その裏にある長所を見ようという意識に拍車がかかるのです。

例えば、男性が女房役にぴったりな、しっかりした女性を選んだのはいいのですが、結婚してみたら何かと気が強すぎて浮いてしまったり、周りと軋轢を起こしたりという短所になったというのもよく聞く話です。

これを「そういう短所はよくないから、直したほうがいいよ」と言うのでは、火に油を注ぐようなことになって火傷をすることになってしまうでしょう。

そういう場合は、詳しく話を聞いてみると、長女として育った彼女は「自分がやらなければ」という責任感が強いだけで、意外と気の強さを本人も気にしていたり、周りから遠ざけられていることを気にしていたりするものです。

とにかく感情的に反論したりせず、相手の言い分をひたすら聞いていくと、なぜそういう言動をするかの理由がおぼろげにわかってきます。

見方によって、短所もまた長所へと転換できますので、お互いの印象が変わってしまったら、その背景にある理由をじっくり理解するようにしましょう。

背景にある理由を腹に落とし、短所も長所へと転換する

List Number

11

合う・合わないという相性は当てにならなかった

結婚は気が合うと思った二人が結婚するものですから、一見、相性こそ結婚を決めるもっとも重要な条件だと思いがちです。

しかし、「しまった」「こんなはずじゃなかった」という後悔は、**相性が良いと思って結婚した場合にこそ起こってしまうのです**。

知人の女性、Mさんもその一人です。

Mさんは、出身大学が一緒で、趣味が同じマリンスポーツという会社の同僚と、「気が合う」という相性の良さを決め手に結婚しました。

旦那さんは仕事のできる人で、外資系企業からスカウトがあって転職、年収はグングン上がっていきました。

ところが結局、この二人はその後、離婚してしまいました。

Mさんによれば、「彼はお金に遊ばれた」というのですが、Mさんにとっての思い出のクルマがいつの間にか高級外車に変わり、いつか買おうと約束していたヨットがモーターボートになったことで、「この人の性格は変わった」と気持ちが冷めてしまったというのです。

ヨットは自分たち二人で操るものですが、モーターボートは誰かに操縦させるものなので、そのあたりの価値観の豹変を受け入れられなかったのだそうです。

なんか人が羨むようなハッピーエンドになってもよさそうな二人でしたし、周りから見れば、「セレブで生きていけるんだから、それでもいいのでは」とも思えますが、**彼女はそんな人生を望んではいなかったのです**。

Mさんは、合う・合わないという相性なんて当てにはならなかったと、結婚を決めた当時のことを後悔しています。

相性というのは、ほとんどの場合、結婚してみなければわかりません。また、もちろん人には合う・合わないというのはありますが、それは恋愛関係ではとても見抜けるものではありません。

Mさんのケースでいえば、結婚当初は夫婦ともに同じ方向を向いていたはずです。環境や生活の変化にダイナミックな影響を受けて、**人もまた変化するものです**。相性が良いと思っても、その後合わなくなることは十分あり得ます。

合う・合わないという相性は性格の一致、不一致以上に過度に感覚的であり、一面的にすぎないために、永続的なものにはなり得ません。

そういう意味では、合う・合わないより「**合わせられるか**」「**合わせられないか**」が重要ですし、同じ方向を目指せるかどうかが肝心なのです。

先人たちからのアドバイスは、**今の相性より三〇年後に一緒に何をして過ごしているか、その細部のイメージを共有しておくというものでした**。

割れ鍋に綴じ蓋といいますが、これまた三〇年もの継続する割れ鍋に綴じ蓋でなければならないのです。

三〇年後の雨の日、風の日、病める日も、はたまた晴天の日もそこで一緒に何をして過ごしているかのイメージが描けるということは、相性の先にある進路予想です。相性の良さ自体は何も指し示してはくれませんが、**進路をしっかり描ければ、多少の違いがあっても、お互いが「合わせよう」という方向へ持っていけるのです**。

Mさんのように、一緒にヨットを操りたいのか、元旦那さんのようにモーターボートやクルーザーでシャンペン片手にセレブな人生を手に入れたいのかは、すり合わせておきたい進路です。

すり合わせのコツは、**「どうなりたいか」ではなく、「どうありたいか」について話し合うということです。**

「どうなりたいか」はライフステージや社会的な成長によって変化するものですが、「大切にしていること」というのは、よほどのことがない限りは変化しません。

「どうありたいか」にギャップがあっても、「どうありたいか」が同じなら、環境の変化に左右されない結婚生活を送れるのです。

「どうなりたいか」より「どうありたいか」をすり合わせる

List Number

12

相手のちょっとした習慣が気に入らなかった

相手のちょっとした習慣というのは、結婚前でも大きな問題になるテーマです。

例えば、相手のお箸の持ち方や食べ方に対する違和感というのは好意が「急降下」する要因になったり、結婚を思いとどまる理由として珍しいものではありません。

女性がお茶碗に口をつけてごはんをかき込んで食べていたら、男性は引いてしまうでしょうし、きたない食べ方をする男性も女性には評判の悪いものです。

しかし、こうしたことをクリアして結婚したと思っても、**結婚後にわかる習慣は山ほどあります**。

しかも、自分が気に入らないと思っているだけで、実はマナー的にはまったく問題ないこともありますし、逆にそうした違和感を気にすること自体が、相手には神経質に思えたり、粗探しをされているようにも感じたりします。

例えば、先人たちがよくいう習慣における齟齬には、次のようなものがあります。

一つは、食事中のテレビです。テレビを観ながら食事をする家庭に育てば、自分もそれが普通の習慣になるでしょうし、食事中はテレビを観ずに、家族で会話をしながら育った人はそれが習慣になります。

また、戸やドアの閉め方、洗面所の使い方、トイレやお風呂の使い方あたりは、よく口ゲンカのもとになるようです。

扉は開けたらすぐ閉めるものと、しつけられている人にとっては、ちょっとの間だからと開けたままにするのが、ものすごく気になりますし、洗面所でバシャバシャと勢いよく顔や手を洗って、周り中に水しぶきを飛ばしてそのまま拭きもしないとか、男性が便座を上げたままにするとか、浴槽に浮いた髪の毛や垢を取るとか、恋愛中ではあまり表面化しないような習慣が、結婚後の日常生活では表沙汰になってきます。

習慣というのは、本人も無意識にやってしまうものですし、相手は生理的に耐えられないということもあって、そうした齟齬を克服するのは意外と難しい問題です。

こうした問題を事前に解決するために、結婚前に同棲を勧める人もいますが、確かに一理あります。**習慣とは日常生活の中でしかわからないものだからです。**

では、根深いこの習慣の食い違いを修正していくには、どうすればいいのでしょうか。

それは、指摘や疑問ではなく「**相談**」というスタイルを取ることです。

多くの諸先輩がしくじっているのが、不満という感情を相手にぶつけてしまい、相手の不興を買ってしまっている点です。ここでも、「言い方」の問題はケンカに発展しがちだという後悔につながるわけです。

相手に直してもらおうとして、それを指摘すると、指摘されたほうは習慣になっていることだけに、ついカチンときますし、「なんで?」と言われると、つい屁理屈を言ってしまうものです。

そういうときこそ、「どうして、そうなるの?」という相手と対立構造にならないように「相談」というスタンスで向き合うのです。

「ここをきれいに使う方法ってあるかなぁ」という感じで、**一緒にルールを決め、方向性を見つけようとするほうが、歩み寄りの確率が高くなると先人たちは語っています。**

あるいは「でっちあげ作戦」というか、例えば、第三者の洗面所の使い方の悪い例をあげて、同時にそれをどう克服したかという、実は自分で考えた対処法を話して、感心したふりをしながら、うちでも同じような傾向があるから試してみようかという勧誘の文法を用いるのも、対立構造を避けるには効果的です。

対立構造をつくらず、「相談」スタイルで話す

List Number

13

家事をやる、を信じてしまった

「家事をやると言ったのに嘘だった」という失望感は、男女ともに必ず後悔のテーマとして話題になります。

これは、そもそも家事をやる意思は弱いけど、相手に良いところを見せたいという人と、やる意思はあるけれど、実際にはできていない人に分かれます。

前者は普段から注意深く見ていれば、比較的嘘は見抜けますが、問題は後者です。

男性には耳が痛い話ですが、結婚前は「家事はやる」と言っておきながら、結婚後は「ゴミ出し」くらいしかやらなくなる男性は非常に多いものです。

これは、結婚を後悔しているある女性から教わった「**半値、八掛け、五割引きの法則**」というのが当てはまります。

つまりは、最初に相手がやっていたことがそのまま習慣になり、次第に半分くらいのことはやらなくなり、相手がやったほうが上手なのでさらに八掛けしかやらなくなり、相手が文句も言わないのでそのまた半分しかやらなくなるということです。

こう言われて、「不都合な真実」だとドキッとする男性は多いのではないでしょうか。

要はやればできるが、任せてしまったほうがラクだし、ついつい面倒くささも手伝って、気がつけば、家事のほとんどを奥さんに依存していたという男性のケースです。

こうした男性側の甘えや依存心は、相手の負担に対して不感症を推し進める生活習慣病のようなところがあり、**そのことに無自覚だったり、このくらいは大丈夫だと放っておいて、後から離婚に発展するというケースは非常に多いのです。**

しかも、「家事はやる」という言葉にまったく悪意はないですし、多少の誇張や希望的観測は混じっていたとしても、当人にとっても嘘はないのです。

これは女性が男性に感じる不満の圧倒的な一位ですので、どれだけ家事について積極的な人に見えても、相手の言葉を一〇〇％は信じないで、「半値、八掛け、五割引き」で見積もっておくくらいがちょうどいいようです。

一方で、女性の場合の、「やる意思はあるけどできない人」は、ほとんどが経験不足だといえます。実は大してやったことがない人でも、ほとんどの女性は男性に対して「家事はできない」と言うことはありません。

多少はできる、という言い方でつい男性は信じてしまいがちですが、実際は料理が大嫌いだとか、つくれるメニューは三種類だけなんてことはよくあります。

最初から「家事は勘弁」と開き直る女性を選ぶ男性は珍しいので、それもまた仕方ないことでしょうが、特に一人暮らしを経験したことのない実家通いの人は、ちょっとだけやった経験を毎日やっているように話すことがあるので、これまた半値くらいで見積もっておいたほうがいいものです。

ただ、このように男女ともに相手の「家事はやる」という言葉を額面通りに信じてしまい、結婚後にその言葉のギャップに後悔の念が生まれることは事実ですが、もともと相手をだまそうという悪意はないわけですから、改善の余地はあるはずです。

こうした問題に成功者たちがどう向き合ったかといえば、**相手に不満をぶつけるのではなく、一緒にやりながら相手を育てるスタンスで五カ年計画、十カ年計画で臨むというのが共通点でした。**

多いのは、まずは「一点突破主義」で、一つの家事をできるようにして徐々にその守備範囲を広げていくやり方で、社内の新人を育てる方法と似ています。

適性を見抜くのも重要で、これまでも説明してきた通り、相手に押し付けたり、命令をするのではなく、**相手の好きなものを見つけてそこから自然に始めてもらう**というのがもっとも効果的です。

それが見つからない場合は、苦手意識が少ないものを探していくのがいいようです。例えば、料理のハードルは高くても、洗濯物をたたむのは、やってみると意外と楽しいことに気づいて、そこから洗濯全般に広げていった人たちもいます。

ちなみに、女性で料理が苦手な人の場合は、男性は決して「マズイ」と言ってはいけないというのも、先人たちが強く語っていたことです。これは女性に対してダメージを与える、かなりのNGワードです。

「マズイ発言」から奥さんが料理をほとんどつくらなくなった、つくろうという努力をしなくなったという家庭も、実は少なからずあります。

言い方に気をつけて、何年か一緒に伴走し続けていれば、必ず継続は力なりでできるようになるということです。

まさに「小さく生んで、大きく育てる」ではありませんが、少しずつ一緒に取り組んで、楽しさや自信を身につけ、徐々に守備範囲を広げていくというのは、人を育てるのとまったく同じです。

NGワードに気をつけながら、五カ年計画、十カ年計画で育てる

List Number

14

会社を辞めるか、共働きか、話し合っておけばよかった

男女雇用機会均等法が施行されたのは一九八六年四月ですから、すでに四半世紀が経過したことになります。私自身が大学を卒業して、リクルートに入社したのがまさにこの年でしたので、会社を辞めるか、共働きかというお互いのビジョンがずれて離婚にいたったおびただしい数の夫婦を目にしてきました。

現在の四〇代は、この機会均等法の影響をもろに受けているため、キャリア志向の女性も多く、その延長で結婚しても働こうとする人が多いのです。

一方で、全体としては晩婚化が進んでいますが、現在の二〇代はその反動からか、結婚志向が強くなっているように感じます。

ボランティアで婚活イベントをやり始めて気づいたのですが、二〇代の女性は専業主婦願望が強く、男性でもすでに結婚している人や、早く結婚して落ち着きたいという人が多いのには驚かされました。

現実的には、上の世代の婚活ブームなどを見ていて、売れ残って後で苦労したくないという思惑があるのかもしれませんが、これまでの結婚観が少しずつ変わってきている感じはします。

機会均等法の世代では、離婚原因のナンバーワンは、結婚後、女性が働くか家庭に入るかでした。夫は仕事を辞めてほしいのに、奥さんはずっと働きたいというギャップが、諍いの根源だったのです。

ところが、昨今はこれが逆転してしまって、現在の三〇代男性は**「共働きを約束したのに妻が働かない」という後悔がかなり多いのです**。

経済環境が悪くなって収入も上がらない状況が続いているために、妻の収入を頼りにせざるを得ない現状なのでしょう。

結婚とはその後の人生プランそのものですから、結婚後に共働きか否かという選択次第で、経済的にも精神的にも、生き方が変わってくることは間違いありません。

収入の上がらない男性にとっては、カツカツの中でやることに息切れしていたり、共働きなら、旅行に行ける回数が増えたり、家の購入資金を貯めることもできたとリアルに後悔しています。

しかし、この食い違いについては、**結婚前に話し合っておくだけでは不十分なのです。**なぜなら、人は置かれた環境やそのときの状況によって気持ちや考えは大きく変わるからです。

東日本大震災後、絆を求めて結婚が増えたと報道されていますが、これほどの大きなきっかけがなくても、結婚に興味のなかった人があるときから家族の温かさを求めたり、毎日仕事尽くめだった男性が、そうした毎日に突然嫌気がさして、実家の田舎に戻りたいと思うことだってあり得ます。

ビジョン通りには運ばないのが人生です。

仮にお互いが結婚前からビジョンを話し合っていても、思い通りの人生を歩めないこともあるでしょう。予想していなかった子宝に恵まれたことで、その後の環境が激変することだってあります。

そういうときこそ、**お互いが大切にする価値観を話し合いながら、「修正主義」という立場に立って、「どうする？」という細かなベクトル合わせを無限に繰り返し続けるしかないのです。**

ベクトルについては、結婚前にちょっと話して、結婚後に一度か二度話して、あとは成り行きという人も多いのではないでしょうか。それでは、常に事態が起こってから対応しているのにすぎません。

例えば、結婚の時点では共働きを選択していたとしても、友人の子育ての話を聞いたとき、震災で家族のあり方を考えたとき、新聞で「一歳危機」の記事を見つけたタイミングで、今進んでいる方向に修正する余地があるのかどうかをすり合わせます。

基本的には日頃のコミュニケーションの中で、無限のベクトル合わせをしていくしか方法はありません。

ただ、ポイントは、**日頃から「短ピッチ」ですり合わせをするということです**。

間が長くなると、話が前進しませんし、短い会話を繰り返していれば、その後のじっくりミーティングへと発展することも容易です。

いつか話そう話そうと思っていると結局話せなくなりますし、一度にドカンと話しても、今後の人生の歩み方とも関わることですので、簡単に結論が出るものでもありません。

一年間のプロジェクトマネジメントでも、大枠は上半期、下半期だったとしても、月間、週次で細かく進捗を確認するものです。人生のプロジェクトであればなおさら、仕事のプロジェクト以上に、頻繁に進捗と修正の機会を持つ必要があるのです。

日頃から短ピッチで、ベクトル合わせをする

List Number

15

親離れしていない相手を選んでしまった

男女とも、親離れしていない相手を選んでしまったのが原因で別居したり、夫婦関係がギスギスしたり、しまいには離婚してしまったという夫婦は非常に多いものです。

これも結婚前は一見、親を大切にしているとも映るので、結婚後にそのギャップに驚き、**結婚前には意外とわからないことでもあり、後悔のタネになりやすいのです。**

不満がチリツモとして溜まっていくといえます。

また、親孝行を「親からの自立」とする人もいれば、「親に甘えること」とする価値観の違いもあるので、お互いの差異が広がっていく根深い問題となっています。

女性の男性への不満として多いのは、古くから言われる「**マザコン問題**」です。

自分より母親の肩を持つ夫や、何かを決めなければならないときに、いちいち自分の親に相談するというのも、妻側から見れば親離れできていないと感じる瞬間でしょう。

そもそも結婚というのは社会契約です。これは、夫婦であることを社会に認めてもらうと同時に、「健やかなるときも、病めるときも……」という誓いの言葉のように、**相手への愛を社会契約の中で誓うものです**。

本来はこの時点で、他に依存せず、相手を敬い、助けることを誓ったわけですから、よくいわれるような嫁と姑の間に板挟みにされてという事態はおかしいのです。男性はこの契約によって、**誰よりも妻を優先するという契約をすでにしているからです**。

もちろん、男性が親を敬う気持ちは大切ですが、妻がつらい思いをするなら、どちらが正しいかは関係なく、妻を尊重しないといけません。

嫁姑問題については第5章でも詳しく触れますが、この問題を解消する手だては男性の対応次第です。

一方、男性の女性への不満として多いのが、「**実家依存症**」です。旦那さんの通勤時間や社宅の存在などまったく無視して、自分の実家の近くに住むことを強要するあたりから、旦那さんのチリツモが始まります。

もちろん、出産や子育てのことを考えると、奥さんの実家近くに居を構えるのは非常に助かるものですが、専業主婦であっても年中実家に入り浸り、夕食まで実家で済ませて、帰宅の遅い旦那さんにおかずを持ち帰るあたりになると、旦那さんの不満は鬱積してきます。

男性からすれば、すでに結婚して別所帯になっているのですから、自分の所帯を中心に考えるべきだという自尊心がありますが、そのあたりは、親ともコミュニケーションを取りつつ、自分もラクをしたいという女性の心理と、なかなかわかり合えないところです。

表向きは奥さんの実家の近くに住むことを了承した男性でも、本音ではいろいろと気苦労があって「やっぱりつらい」と漏らす人が多いことを考えれば、**この実家との距離感というのは、夫婦関係を不仲にする引き金になりやすいことは事実です**。

また、「経済的援助」に対する親への依存もお互いの信頼感を壊す要因になります。「**実家とお金**」の問題は両家の格差と、価値観へとつながるので、トラブルになりやすいことは先人たちも語っています。

例えば、Nさんは裕福な家庭で育ったブランド好きの奥さんと結婚したのですが、普通のサラリーマンのNさんにはそうそうブランド品などプレゼントできません。

そんなある日、奥さんの親から、娘にブランドものをプレゼントしてほしいとお金を渡されそうになったというのです。

Nさんは自分で何とかしますからと固辞したそうですが、結婚後も奥さんは実家からずっとお小遣いをもらい続けたそうです。

こうしたお金に対する考え方の違いに、相手の家族が入ってくると、話し合いで解決するのは徐々に難しくなってきます。相手からすれば、それは自分が育った環境そのものですから、それを否定されることをよく思う人はいないはずです。

Nさんは、男としてのプライドを傷つけられ、親に依存せずに自分たちの手で家庭をつくり上げていきたいという価値観が奥さんには理解してもらえなかったと言って、結婚一〇年を待たずに離婚してしまいました。

基本的に、親や実家が関係することとは、本人にとってはルーツの問題でもあるので、直接的に話し合っても、うまくいかないことがほとんどです。結局は相手の逆鱗に触れてしまうので、**間接的な問題解決を目指すほうが得策です**。

もっとも単純なのは、物理的に住む場所を変えるということです。奥さんの「実家依存」に頭を痛めていた旦那さんが海外勤務や転勤になったことで、慣れない場所で生活して家族の絆が深まったというのはよくある話です。

転勤ではなくても、実家から距離のある場所に移り住むことで、自然と奥さんの中で気持ちの変化が生まれたといいます。

ただ、それは簡単ではないかもしれません。

そういうときに、もう一つ先人たちが効果を指摘するのは、**何かの共通体験や一緒に壁を乗り越えた結果、振り返ると親離れの問題が解決していたというものです**。

つまり、直接的に親離れを促したのではなく、夫婦が手を合わせて、例えば子供の教育問題に取り組んだ結果、いつの間にか親離れできていたというのです。

自分たちの力で困難を乗り越えると、二人の力に対して自信がつくということなのかもしれません。親に依存するというのは、やはり完全に自立した個になっていないからであり、どこかで奥さんも旦那さんを信頼していない部分があるようです。

もちろん、親に頼ること自体が悪いことではないですが、**夫婦の「成功体験」を積み上げることで、夫婦は「家族」になっていくということです**。

夫婦は最初から家族だったわけではありません、**家族に「なって」いくのです**。

過度な親依存は、家族になることの妨害になるということを、後悔する先人たちは自らを振り返っています。

間接的に家族の「成功体験」を積み上げて、お互いの信頼関係を築く

List Number

16 何にお金と時間を使うかの価値観が違った

前項で「実家とお金」の問題に触れましたが、夫婦間で何にお金と時間を使うのかの価値観が違うのも、結婚当初からギスギスしやすくなる問題です。

やはり日常生活において、**「お金」と「時間」の使い方は、お互いの価値観がもっとも如実に表れることなのです**。

お金については、ちょっとしたお小遣い程度の買い物であれば大した亀裂にはなりませんが、ボーナスの使い道のようなまとまった額が動くときに、さまざまな齟齬が生まれます。

今のようなご時世だと、ほとんどの家庭は家計に余裕がないですから、限られたお金を旅行に使うのか、子供の教育費に使うのか、住宅ローンに回すのか、クルマの買い替えに使うのか、それとも将来に備えて貯蓄するのかといった使い道で意見が分かれます。

住宅ローンや子供の教育費、将来への貯蓄というのは、いったいどのくらい用意しておけばいいのかは、その人の価値観や人生観に関わる問題です。今を楽しみたいから、貯金はしないで、好きなことに使うという生き方だってありますし、逆にそうした無計画な人生を忌み嫌う人も多くいます。

夫婦間で、今を楽しみたい派と将来に備える堅実派に分かれてしまうと、そのギャップを埋めるのは、かなり困難であることを先人たちも後悔しています。

何に時間を使うかも、夫婦関係に亀裂を生みやすいテーマです。

一人の時間やぼーっとする時間をものすごく大事にしたい人もいれば、それこそ時間を無駄にせず何かしなければもったいないと考える人もいますし、週末に家でゆっくりしたいインドア派も、とにかく外に出たいアウトドア派もいます。

この辺は、比較的その人の趣味や個性ともつながっているので、結婚前から価値観として表れている分、わかりやすいかもしれません。

独身時代は、お金も時間も自分の好きなように使えたのに、結婚すると、それは事実上夫婦二人のものとなり、**これまで以上に有限な資源という意識を持つはずです**。

そのことが束縛感につながったり、ともすれば犠牲と感じる人もいて、後悔になりやすいと諸先輩は語っています。

お金と時間の使い方は、もろにその人の価値観を表しますが、**相手を自分の価値観に合わせるように無理強いするのではケンカになるだけです**。価値観というのは、その人の生き方が表れるものですので、やはりお互いが歩み寄り、「修正主義」により相手を理解したり、受け入れたりするすり合わせが必要になります。

ただ、仕事のミーティングと同様に、何か決断するためには、感情的になったり、売り言葉に買い言葉にならないような「**ルール決め**」をしておかなければ、なかなか結論は出ません。

例えば、職場のブレーンストーミングには「他人の意見を批判しない、論評しない」というルールがありますが、そのルールを用いるのもいいかもしれません。とにかく価値観が違っているのは当たり前なのですから、表現次第では必ず対立構造になってしまいます。

知り合いの、とある事業部長は「決まるまでは徹底議論、決まったら従う」という会社のルールをそのまま家庭に持ち込んで、うまくいったそうです。

また、夫婦の意思決定の基準をハッキリすること、会社の会議と同様にとにかく論理的に議論するというルールも踏襲したと言っていました。

ちなみに、我が家にはプロジェクトミーティングの象徴であるような「ホワイトボード」がリビングにありますが、価値観のすり合わせという点では、意思決定の基準をハッキリさせることと、論理的に話すことの二点で、ホワイトボードを置く前と比べて衝突する回数は明らかに減りました。

例えば、臨時収入のボーナスが入ったとき、欲しいものをホワイトボードに書き出していきます。お金の使い道のアイデアを目に見えるように並べてみると、具体的に話せるようになります。

並べてみないことには、あれもやりたいこれもやりたいと自分の中でも堂々巡りが始まり、そこに相手も加わるので、とても結論など出ません。

要は、お互いのアイデアを一回、外に出して客観視してみるわけです。人は言われるより書かれるほうが納得感が高いですし、他人に言われるより一緒に文字を見るほうが、不思議とお互い感情的にもなりません。

まずは思いつく限り書き出してみて、今度はそれを「やりたい順」に並べる。夫婦別々にやりたい順番をつけてみて、一致している部分を探すというような、結論の出し方にも会議のルールを参考にすれば、感情的になりがちな夫婦のエンドレスな議論を回避することができます。

会社の会議のルールや仕組みを活用して、意思決定の基準を決める

第3章

ベクトルを合わせるために
やっておくこと

List Number

17

感謝や愛情表現の一言が言えなかった

日本においては長い間、どこか能弁な男は軽く見られ、寡黙な男を由《よし》とする風潮がありました。けれど、かつて一世を風靡した「男は黙ってサッポロビール」のような、寡黙が美徳といった価値観はなくなりつつあります。

ただ、寡黙であることと、**相手にきちんと「伝える」**ということは、また別の話です。夫婦の付き合いというのは、親や兄弟を除けば、もっとも長い期間にわたって深いコミュニケーションが必要となる関係です。そこで、相手に感謝や愛情が伝わらなければ、遅かれ早かれ、関係がこじれてくるのは当然です。

先人たちの後悔の中でも、特に男性側がこの一言が言えずに関係をこじらせたケースがあげられます。それも、これまたチリツモの一つとして、本人は後から相手とコミュニケーション不全になっていたことを知るという始末なのです。

よくいわれるように、感謝や愛情表現の一言がなかなか言えないのは、日本人としての慣習やシャイな性格も関係しているかもしれません。あるいは、育った家庭でそうした一言をほとんど耳にしたことがないというのも、要因の一つとしてはあげられます。

確かに、ハリウッド映画で見るような「愛してるよ」を連発する夫婦の姿は、日本人の感覚からすれば、照れくさくてとても真似できないと思う人も多いでしょう。

心の底から愛しているという感情があって、それを言葉として絞り出すと考えると、なかなか頻繁にはできそうもないですし、軽々しく「愛してる」を連発するのは、日本男児としてはどうにも抵抗があるように思えます。

しかし仕事でも、意思表示のないメンバーとはうまくいきませんし、コミュニケーションが取れない部下と継続してやり取りしていくことはできないはずです。

つまり、コミュニケーションとは一つの「**習慣**」であって、当然ながら今日は愛の量が少し足りないから「愛してるとは言えない」ということではありません。

これはある外国人男性から聞いたことですが、彼らが「愛してる」を連発するのは、**相手がそれを期待しているからだということなのです**。

もちろん、彼が奥さんを愛していることは事実ですが、言いたくて仕方ないから言っているのではなく、相手がそれを聞いたときに感じる安心感や幸福感のために言うのだと聞いて、まさにコミュニケーションなのだと感じました。

結婚当初はラブラブで、「愛してる」という言葉が自然と出ていた夫婦も、一緒に生活する時間が長くなるにつれ、相手に感謝を伝えることや愛情を伝えることが間引きされ、いつの間にか消滅してしまうというのが、日本のほとんどの家庭です。

しかし、この辺を長年続けている夫婦に共通しているのは、仕事の凡事徹底のように、当たり前に思えるような些末なことでも、**必ず「ありがとう」といった日常のさりげない感謝を言葉できちんと伝えているということです。**

「おはよう」「おやすみ」「ありがとう」「いただきます」「ごちそうさま」といった当たり前の言葉もまた、長年月日がたつと以心伝心のようになくなってきてしまうものです。

コミュニケーションは相手の気持ちを考えることから始まります。**大切なのは言うほうではなく、言われた側の気持ちですから、**その気持ちを推し量ることを怠らず、習慣にすることが必要なのです。

自分ではなく相手の気持ちを考えて、言葉で伝えることを習慣にする

List Number

18

つい一言反論してしまった

結婚生活だけでなく、あらゆる人付き合いの中で、この「一言反論」というのは、相手の気持ちをそぐ大きな力を持っています。

相談しても、いつも「でも」で始まる上司や同僚だと、ついつい相談もしづらくなっていくものですし、会議でも常に否定形から入る人は、合議で結論を出すような際には疎ましく思えてしまいます。

相談して、少しでも良い方向に持っていきたいから話をしているのに、ダメなところだけあげられると、**やる気だけでなく、結果まで変わってくる**というのは、多くの人が日頃の仕事でも実感しているでしょう。

夫婦間でもまったく同じで、つい否定から入ってしまうと、徐々にコミュニケーションがなくなってくることを、先人たちも後悔しています。

また、この後悔の特徴は比較的自分でも自覚症状があり、「つい」言ってしまって後悔するというものなのです。

もちろん、相手の言うことを何でも肯定していたら疲れてしまいますし、自分の意見を言うこともコミュニケーションでは大切なことです。

しかし、最初から否定で入ればコミュニケーションにさえならないことがあるので、すぐ相手に反論してしまうクセがある人は、まず「Ｙｅｓ－Ｂｕｔ法」を意識して、いったん相手を受け止めてから、**「確かにそうなんだけど、こういう考え方もあるよね」**と、後に自分の考えを伝える言い方をしてみることから始めてみましょう。


一方で、つい否定形の表現を使ってしまう人には、「褒めべた」という特徴があります。

一言反論はギスギスした夫婦関係の元になりますので、**何より相手を褒めることに慣れる必要があります**。

日本では昔から褒めるに値することへの基準が高いというか、簡単には褒めないという文化があるように思えます。

山本五十六の名言「やってみせ、言って聞かせて、させてみて、ほめてやらねば、人は動かじ」はあまりに有名ですが、企業研修でもずっと「部下を褒める」効用、重要性が説かれている一方で、現場ではとても実践されているようには思えません。

人を褒めるのは最大級の賛辞として取っておきたいという気持ちや、「褒める」を連発しているとありがたみが減って、逆に部下に媚びているんじゃないかと思われる日本人特有のメンタリティーとも関係しているのかもしれません。

ですが、**褒め上手な人は家庭マネジメントにも長けている**というのが、一万人インタビューを通して感じた、うまくいく夫婦の共通点です。

この辺は、実は仕事のスタイルとも関係していて、職場でも褒め上手な人は家庭でも褒め上手であり、まさに人との接し方が表れているともいえるのです。

例えば、社内でも部下を育てるのに定評があるS部長は、帰宅するとまずは五分くらいかけて家の中をグルグルと歩き回って、昨日と違うところを探すそうです。そこで、奥さんが美容室に行ったことに気づけば、新しい髪形をできるだけ具体的に褒め、そこから今日あった出来事などの話に展開していくのだそうです。

「前から巻き髪が似合うんじゃないかと思っていたけど、やっぱ似合うよね。絶対五、六歳は若く見えるよ」と言葉をかけるそうです。

そう言われた奥さんがどれだけ浮き足立つか、たったそれだけの会話で夫婦が幸せな気持ちになれるかを想像してみてください。

また、部下からの評判もいいT部長は、同じ褒めるのでも特に「**助詞**」に気を遣うそうです。

子供さんが中学生の男の子ばかりなので、そのままだとせっかくの家族団らんの食事でも、ただ黙々と食べるだけになってしまうことに気づいたTさんは、「今日『も』ママの餃子は最高だね、その辺の店より絶対にうまいよね」と息子さんに声をかけるのです。

「今日『は』ママの餃子……」というニュアンスにならないように、「**てにをは**」に注意するだけで、言われた奥さんの印象もガラリと変わります。

褒めるといいのは、ただ褒めればいいというものでもなく、相手が褒めてほしいところを褒めないと利かないということもあり、**おのずと日頃から相手への関心が生まれる**というのも、コミュニケーションの上では重要だと、T部長は言っていました。

まず「Yes-But法」、次に「褒め上手」になる

List Number

19

つい意地を張ってしまった

近親憎悪とまではいかないまでも、結婚するとなぜか相手に素直になれず、ついつい自分の考え方や言い方に固執してしまうものです。

外では自分の考えと正反対の意見があっても受け入れられるか、そういう考えもあるのだと流せますが、もっとも身近な人には自分を理解してもらいたいという思いを誰もが抱えています。

いわゆるエゴです。エゴとは「**自我**」という意味でもあり、「**利己的**」という意味でもあります。つまり、この二つは紙一重であり、自分を認めてもらいたいという欲求は、歯止めがきかないと自分勝手にもなるのです。

結婚生活というのは、「自己領域」に相手を招き入れ、二人でひとつになるということですから、相手に理解してもらいたいという欲求は強くなります。

相手に否定されると、自我のよりどころが危うくなるので、どうしても意固地になってしまうのです。

夫婦間はこのエゴの鞘当てが続くような状態ですから、いったんボタンをかけ違ってしまうと、エゴスパイラルともいうべき意地の張り合いになってしまい、ああ言えばこう言うというように、相手に負けじと、どんどんエゴに拍車がかかってしまいます。

ただ、面白いことに、夫婦間で意地の張り合いが起こるときは、**実は「言い方」の問題がほとんどなのです**。相手の言っている内容よりも、その言い方が気に食わずに、つい感情的に反論してしまうものなのです。

頭ごなしに否定されるとつい反論したくなりますが、**一度認めて、相手の意見を受け入れる気持ちがあることをきちんと表明すれば**、お互いが意地の張り合いをせずに済むことも多いのです。

そのあたりの後悔というのは、先人たちの中でも山ほどありますが、上手に乗り越えている人はどう対処しているのでしょうか。

例えば、もともとVさんは非常に頑固な人で、なかなか相手の考え方を受け入れるのが苦手でした。何かにつけて、つい屁理屈を言っては、相手を打ち負かしていたのです。

しかし、結婚して、奥さんの口グセが「**もちろん**」であったことによって、彼の中で変化が生まれてきました。

例えば、奥さんに何かを頼んだときにも、奥さんの最初のリアクションは「もちろん」です。何でもかんでも「もちろん」と言っているわけではありませんが、それをやる意思があるときは、仮にすぐにできなくても不平不満を言うのではなく、「もちろん」と言っていたのです。

Vさんは、それまで人からそう返されたことがほとんどなかったので、非常に新鮮で、何より気持ちよく引き受けてくれる清々しさが気に入って、自分でも自然と使うようになったのです。今では職場でも「もちろん」を使い、部下から話のわかる上司として慕われています。

「もちろん」という言葉には、「いいよ」という言葉の何倍も肯定感が強く、相手の依頼せざるを得ないことを心苦しく思っている気持ちを、完璧なまでに払拭してくれる力強さがあります。

お互いに真剣に議論したりすることは大切ですが、**夫婦間で相手を打ち負かすことには意味がありません**。であれば、否定から先に入ることも意味がないのです。

ビジネスでも、最終的に伸びるのは素直な人だといわれます。自分の考え方とは異質の意見を受け入れたり、スポンジのように吸収していける素地があれば、成長につながりやすいわけです。

逆に、自分のやり方にこだわる頑固な人、エゴが強い人というのは、はまれば粘り強さを発揮して良い仕事をすることもありますが、柔軟性に欠けるために守備範囲が狭いハンディを背負い続けなければなりません。

自分の考え方に固執ばかりする人は、周りもその人に違う意見をぶつけなくなり、ますます自分の考えが絶対だという悪循環に陥ります。

結婚が成長への原動力だというのは、こうした、ともすれば自分の中だけで完結する習慣から脱して、**他者との関係性の中で答えを出していく習慣を手に入れるチャンスであるということなのです。**

相手を打ち負かすことに意味はない。相手を尊重し肯定できるようにする

List Number

20

ケンカのルールを決めておけばよかった

昔から「夫婦ゲンカは犬も食わない」というフレーズを聞きますが、やはりこればかりは結婚してから実感することでもあります。

夫婦仲が悪いと子供の人格形成にも悪い影響を与えますし、「ケンカをするのは仲が良いから」では済みません。

どんな大恋愛の末に結ばれた二人であっても、すべてに対する価値観が一緒で、意見や感情も一致することなどあり得ませんので、やはり夫婦ゲンカはするものです。

ケンカの原因も本当に些細なことからものすごく深刻なものまで、それはそれは多種多様で、頻度も年末の大掃除のように年に一度の大ゲンカをする夫婦もあれば、小刻みに小競《ぜ》り合いを繰り広げる夫婦もあります。

ケンカの理由は数あれど、うまくいく夫婦に共通するのは、**実はケンカの「収束方法」です。**

どんな夫婦もケンカはするので、その終わらせ方がポイントとなるのは当然なのですが、実はそのことに気づいていたり、実践できている夫婦は意外と少ないものです。

私がこれまで見聞きしてきた夫婦ゲンカで、最長のものはUさん夫婦の三カ月です。

ケンカの原因は、何かの拍子に発した奥さんの「あんたバッカじゃないの」という何気ない一言でした。

夫婦の関係にもよりますが、ここだけ抜き出せば、それほど重大なフレーズではないかもしれません。しかし、その一言が原因で、旦那さんは口を利いてくれなくなったのです、次の日も、その次の日も……。

その一言が、旦那さんのツボにはまってしまったのには理由がありました。彼らはともに大卒なのですが、実は奥さんの出身大学が旦那さんの大学より、偏差値としてははるかに上だという事実があったのです。

他人からすれば「くだらない」と思う理由ですが、当の旦那さんからすると、いつも心のどこかで感じていた学歴コンプレックスがあって、それを奥さんから「バカ」と言われたことで、見下されたと感じたようです。

もちろん、奥さんにはそんなつもりはまったくなかったはずですが、それで結局三カ月間、「おはよう」もない生活が続いたそうです。

ちょうど三カ月たったある日、さすがに耐えきれなくなって、奥さんが荷物をまとめて家を出たのですが、実家に帰ってしまうと大事になると考えた彼女は、友達の家に泊めてもらうことにしたのです。

ところが、あいにくその友人は旅行中。やむを得ず重いスーツケースはクルマのトランクに入れて、近くの喫茶店で読書すること六時間……。

もう仕方ないと家に戻ると、彼女を待っていたのは「おお、すっげぇうまいカレーができてるぞ、すぐ食べろよ、俺もすぐ食べるから」という何事もなかったような一言だったのです。

なぜ、Uさん夫婦は何もなかったように元の鞘に収まれたのでしょうか。

実は、**彼らは最初からケンカのルールを決めていたのです**。

それは、ケンカをしたら必ず「旦那さんが謝る」というものでした。

三カ月も時間がかかり、いよいよ奥さんが家を出ていくという段になって、さすがにマズイと思ったのかもしれませんが、旦那さんはそのルールをちゃんと守ったのです。

夫婦ゲンカに、どちらが正しいか、正しくないかは関係がありません。どちらが正しいかの結論を下すことなど意味はないのです。お互いが、考えの違いからぶつかったという事実があるだけです。

そのときに大切なのは、どのようにケンカを終わらせるかというルールを最初から決めておくということなのです。

ポイントは「終わらせ方」です。

ケンカの暗黙のルールを決めている夫婦は結構いて、例えば「朝はケンカをしない」「学歴、容姿、身体的特徴には触れない」「見下した表現は口にしない」などがありますが、それでも何かの拍子にケンカが始まってしまうことがあります。

そういうときに役立つのが、収束させる方法です。

いかなる理由があっても、必ず「次の日には持ち越さない」とか「旦那さんが謝る」という終わらせるルールを決めておけば、意外と大事にはいたらないと、うまくいっている先人たちも口を揃えます。

ケンカをなくすことを考えるより、**上手なケンカにするという発想が必要なのです。**

夫婦ゲンカは感情の爆発でもあるので、ついつい何倍にも増幅された言葉を発してしまい、それが暴言となって相手を逆なでし、傷つけるものです。

そのこと自体を制御するのは難しいですが、ケンカが長引けば、どちらも気まずい気分になり、何とかしたいと感じます。

ただ、そのきっかけがつかめず、**どちらが謝るかというのが焦点になってくるのです**。

そのときに、ケンカの終わらせ方のルールを事前に決めておけば、すんなり解決するものです。

不思議なもので、謝ることはなかなか苦しくても、どちらかの「ごめん」という一言で、相手も「こっちこそ、ごめん」という展開に発展するのです。

ほとんどの夫婦ゲンカは、謝るきっかけさえあれば、お互い長引かせたくないという思いで一致しています。

ついつい勢いで離婚までしてしまって、後で後悔している人が実はたくさんいるのも事実ですので、最悪の事態にならないためにも、先にケンカの「終わらせ方」のルールを決めておきましょう。

ケンカを「終わらせるルール」を決めておく

List Number

21

妻の話をもっと聞けばよかった、夫をもっと頼ればよかった

結婚生活における後悔は多岐にわたりますが、うまくいく夫婦とダメになる夫婦の違いには、**男性と女性の生物的な特徴を上手にいかしているかどうかも関係しています**。

この違いがはっきりと表れるのが、「**妻の話を聞く**」と「**夫を頼る**」という二点です。

そもそも女性は「話を聞いてもらいたい」生き物であり、男性は「頼られたい」生き物であり、その特徴を理解している夫婦がうまくいっているのです。

この二点は日常生活の中でも、相手への接し方として頻繁に起こることなので、お互いがベクトルを合わせていく上では特に気をつけたいところです。

まず、「妻の話をもっと聞けばよかった」という男性の後悔ですが、これは男性側のストレスとしても、女性側のチリツモの原因としても大きな位置を占めるものです。

男性にとって、女性の結論のない話を聞くことは拷問に近い感覚があります。結局何が

言いたいのかわからず、「結論から先に言ってくれる？」とか「言いたいことってこういうこと？」などと応じてしまって、ただ話がしたかった女性をイラ立たせてしまうものです。

あるいは、「聞いているふり」「生返事」で右から左に流せる男性でも、その場は取り繕えても、すべてを聞き流すわけにはいきません。

女性も生返事の相手に話をするのがだんだんバカらしくなって、次第に話をしなくなり、ついには夫婦間に「会話がない」という事態になってしまいます。

この聞き方に対処できずに、ずっと放っておいた男性は、後から女性のチリツモに発展していることに気づいて後悔しているのです。

では、それに対処できている男性は、どのように妻の「聞いて攻撃」に対応しているのでしょうか。

それは、「**聞く意思があることをちゃんと伝える**」ということです。

疲れて帰った瞬間から奥さんのマシンガントークが始まっても、「着替えてからゆっくり聞くのでいいかな」とか「ごはんを食べながらゆっくり聞くから」と、相手に自分が聞く意思があることをちゃんと伝えています。

また、どうしても忙しくて時間がないときなら、「今、どうしても○○○で時間がないから、×××のときでいいかな？」というように、**自分の状況を理解してもらいながら、相手への気づかいも入れるというように答えています。**

一方的に自分の都合を主張するのではなく、相手への配慮を加えることで、奥さんも「大切にされている感」を実感するのです。

話を聞いてほしいというのは、解決策を教えてほしいということとは違うので、**聞いてほしいという願望にちゃんと向き合う意思表示をすることが何より大切です。**

夫婦間がうまくいっている男性ほど、女性が話を聞いてほしい生き物であることをわかっていて、適当にあしらうことだけはしないと言っていました。

奥さんに、自分のことを常にケアしてくれているという安心感があれば、夫婦の信頼関係も磐石になるはずですし、それがさまざまな問題に対する免疫機能をも果たしてくれるはずです。

女性の「夫をもっと頼ればよかった」という後悔は、妻がそれまでの夫婦生活を振り返ったときに特に反省する点です。

これは多少意見が分かれるところかもしれませんし、男性側からすれば少し複雑なところもあるのですが、長年夫婦生活を「共同経営」してきた女性の意見として多いのが、**「夫は妻が育てる」**というものです。

妻として旦那さんは「頼りたい」存在であるかもしれませんが、**頼るためには「期待し続ける」ということが必要になります。**

最初から頼りがいのある男性なら問題はないでしょうが、もし頼りがいがないと思っても、放り出して「情けない！」と言うのではなく、常に相手を信頼し、尊重し、モチベーションを高めていく工夫が必要なのです。

つくづく男性というのは単純だと思いますが、頼られれば、それに応えようと火がつくのが男性の心理です。**それを見越して期待する言葉をかけ続け、「夫を育てていく」という発想を持てるかどうか**は、その後の関係を大きく左右していきます。

頼るというのは「依存」するとも違いますし、「用を頼む」のとも違います。依存されると男性は重荷に感じますし、用を頼まれるように指示・命令されると、やる気はあっても急にやりたくなくなるのが男性の本音です。

その辺りの男性心理を上手にコントロールして、仮に期待したことが実現しなくても、不平不満を言わず、むしろねぎらって次なる期待を口にするというのが、男性を「育てる」コツなのだと、サラリーマンから社長になった旦那さんを持つ、とある奥さんが教えてくれました。

愚痴を言わない女性、頼りがいのある男性をお互いに求めたとしても、なかなか理想の相手は見つからないでしょう。そんなとき、お互いに不満を言い合うだけでは問題は解決しません。

男性・女性の生物的な特徴を上手に生かしながら、相手にかける言葉を少し変えるだけで、気持ちの中で大きな変化が生まれる。これはまさに仕事でもコーチングの考え方と共通しています。

長年、夫婦生活を上手にマネジメントしている先人たちには、こうした英知がたくさん隠されています。お互いが修正主義の立場に立って歩み寄る上でも、参考にしたい考え方です。

男女の特性を理解して、「配慮」と「期待」の言葉をかける

List Number

22

～は相手がして当たり前、と思ってしまった

これまで家事の分担問題についてはいろいろな角度から触れてきましたが、大前提として、気持ちの中で「**～は相手がして当たり前**」という感情があると、すべてはうまくいきません。

特に、男性が最初は家事の分担に協力的だったのに、次第にやらなくなるというあまりに多い現象は、自分は稼いでいるのだから、「家事は妻がやって当たり前」という思いがどこかにあるから生まれているものです。

先人たちの後悔には、自分もやるべきなのはわかっていたけど、やっぱり家事は女性がやるべきという、**いかんともしがたい偏見から抜け出せなかったという後悔**が表れています。

こうした後悔は、日本のこれまでの慣習と根強くつながってもいますし、自分が育ってきた家族環境にも左右されますので、今後「当たり前」の形が変わっていくとは思います。

しかし、その思い込みが、現在の熟年離婚の最大の原因となっているのですから、今の若い世代も知っておく必要はあるでしょう。

家事に限らず「育児は奥さんがして当たり前」「収入は旦那さんが担って当たり前」「学校関係や近所付き合いも奥さんがやって当たり前」という、不思議な価値観が蔓延していることは事実です。

こういう偏見は、結婚をマネジメントしていく上では障害以外の何ものでもありません。会社でも、よく「これは私の仕事ではありません」とか「これはうちの部署のやることじゃない」といったように、お役所のようなセクショナリズムを主張する人がいますが、こうした発想の根本には、会社全体をよくしていこうという「**全体感**」が欠如しているといえます。

自分の仕事をスムーズにこなすことが第一で、それ以外の仕事は、どれだけ重要であっても、自分の生産性を下げることでしかないという考え方です。

夫婦においても、役割を決めたがる人というのは、基本的にこの発想と同じです。「俺、稼ぐ人」「あなた、家事やる人」のように、二分化したほうが、仕事の生産性が上がると勘違いしやすいのです。

しかし、これまでも多くの事例を紹介してきたように、家事をやる人の生産性が低いわけではありませんし、むしろ仕事と家庭を両方地続きでマネジメントできる「全体感」を持っている人のほうが、**結果としては生産性が高く、幸福感が高いともいえるのです。**

結婚は生活基盤でもありますから、家庭がうまくいかなくなれば、仕事に邁進することもできません。

当たり前という偏見は、どこかで自分を正当化する言い訳として機能しますので、非常に悪質です。悪気もなければ、思いやりや配慮の欠如とも違うのです。

ただ、そうはいっても、この偏見を取り除くのは難しいことも事実です。

実は、かつて私自身もこの重篤な「相手がして当たり前症候群」に侵されていました。

もともと私は一人暮らしが長かったこともあり、人並みか、あるいはそれ以上、男性が家事をやることを理解しているつもりでした。

しかし、結婚後はちょうど起業したばかりということもあり、とにかく猛烈に忙しく、次第に「家事は妻がして当たり前」という言い訳で自分を正当化し始めてしまっていたのです。

共働き世帯では、家事や育児の分担をしないことにはそもそも回りませんが、子供が生まれてからは、我が家では妻が専業主婦になったことから、この「当たり前」という偏見が気持ちの中でむくむくと生まれ始めたのです。

男性がよく踏む地雷に**「専業主婦の仕事は家事だろ」**というＮＧワードがありますが、ご多分に漏れず、私もそういう意識へと向かっていました。

しかし、当然ですが、家庭には膨大な家事があり、子育てまで含めれば、相手にすべてをお願いできる量ではありません。そして、我が家も次第にそれでは回らないことになり、妻の不満も鬱積していきました。

そんなときに、夫婦関係を上手にやり繰りしている先輩からアドバイスを受けたのが、**結婚とは自分を「社会化」するプロジェクトだということです**。

仕事に忙殺され、くたくたになって帰宅した後でも、家事や育児を分担するということは、自分では気づかない世界の扉をノックし、社会という文脈の中でもう一度自分の存在を定義しなおすきっかけになるということを教わったのです。

妻への愛情や思いやりは十分持っていたつもりでも、忙しさや偏見の前では無力だった家事へのモチベーションがここで少し変わりました。

その先輩が仕事一辺倒ではなく、仕事と家庭を分けずに「全体感」を持って人生を楽しんでいる姿に惹かれたというのもありますが、「あんな生き方も素敵だな」という憧れから、少しずつ自分の苦手意識を克服していきました。

最初は、子供にお手伝いをしつけるうちに、息子に「家事はママがして当たり前」という偏見を持ってもらっては困ることに気づき、自分が日常的に家事をする姿を見せるようになりました。

そして、子供に伸び伸びと育ってほしいという思いから、学校教育にも関心が出て、PTAに参加して新たな教育の課題を感じたり、地域の住民と協力しながら子育てをしていくために、地域の共同体のあり方について議論するようになったりと、それまでの自分では考えられないことに首を突っ込むようになったのです。

それによって、私の日常は以前と比べて間違いなく充実していますし、そうした経験を通して、**以前の自分では手にできなかった新しいつながりや気づき、社会の中での親の役割についての知見を得ることができるようになりました。**

どうしても「当たり前」という偏見から抜け出せない人は、結婚は「自己を社会化するプロジェクト」だという意識を持って、家事や育児に関わるようにしてみてください。

相手への思いやりは何より大切ですが、思いやりだけでは動けないことは、先人たちの後悔からも明白だからです。

自分を「社会化」するためにこそ、苦手なことに取り組む

List Number

23

口先だけで結局やらなかった

これまでも家事全般において、「やると言ったのにやらなかった」という、相手側の不満と後悔について紹介しましたが、結婚生活において、特に女性が男性に対して感じる後悔に、この「**口先問題**」があるので、ここではさらに詳しく解説していきます。

やると言った口約束が果たされないというのは、下手をすると「**ただやらない」より相手の期待値をあげているだけに、相手の不満をより増長させる傾向にあります**。

離婚につながるチリツモのチリとしては、かなり大きな比重を占めるものだという危機意識を持ったほうがよさそうです。

例えば、庭木の剪定や芝刈り、草刈りなどは五回くらい言われないと重い腰を上げない御仁がほとんどです。また、読んだ本や聴いたＣＤなどを片づけずそのままにしておいて、「ちゃんと片づけてよ」「わかった」なんてやりとりが延々と繰り返されるわけです。

もう少し子供に関わる時間を取ってほしいと、奥さんが言い回しを変えたり、あの手この手を使って旦那さんに伝えているにもかかわらず、いつも「わかった、わかった」で何も変わらず堂々巡りになっている家庭も少なくありません。

男性にとっては、こうした事例を耳が痛いととるか、自分だけじゃなくてホッとしたと解釈するかで将来の後悔が決まるといっても過言ではないでしょう。

結婚記念日や誕生日に、口先だけで結局やらないなんてことだと、相手の落胆もはなはだしくなります。

「フレンチのどこかのお店を予約するから、子供は実家に預けて……」などと言っておきながら、直前になって実は何も計画していないことが発覚、あげくの果てには出張や会議が入ってしまって、という結末も珍しい話ではありません。

あるいは、ゴールデンウィーク、夏休み、冬休みといった家族旅行も、最初はハワイとか北海道とか言っておきながら、いつ休みがとれるのかがわからないと言い出して、予約のタイミングを逸してしまい、結局いつもの安近短の小旅行に落ち着くといったことも他人事ではないでしょう。

こうした「口先問題」は、もしかしたら男性からすると、それほど深刻に受け止めていないかもしれませんが、女性からすれば、「頼りない」「信用できない」「大切にされていない」という不信感へとつながるので、他の件で火種ができたときに、飛び火するチリツモになるのです。「あのときもそうだった！」というのを女性から言われた経験がある人は少なくないはずです。

なぜ、ここまで男性に「口先問題」がついて回るかが不思議だったのですが、いろいろな諸先輩の話を聞くうちに、根本的に「**やり過ごそう**」とか、「**相手の沸点との駆け引き**」という意識があるように感じました。

そもそも、心のどこかで「相手にやってほしい」という願望があったり、「自分は別のことに集中したい」という思惑があるようです。

また、相手の沸点には届かない許容範囲だろうと駆け引きをする男性は非常に多いものですが、彼らに共通するのもまた、**「仕事」と「家庭」に心の中で優劣をつけているということです**。

家庭と仕事が同列でないと、いつの間にか家庭は休むところ、「休憩所」となってしまいます。そうすると、やる意思はあるが、できれば相手にやってほしいという本音になってくるのです。

大切なことは、「**生活をマネジメントする**」という発想を持つことです。家庭は休める場ではありますが、そこから学べることはたくさんあります。家事を実践できている人は、そのことを誰よりも知っていますし、そのリターンもたくさん手にしているのです。

後悔する先人たちと同じ轍を踏まないためには、言葉よりまずは初動を起こすしかありません。この危機から生還した人々の行動は「**初動**」ということで共通していました。

旅行であれば仮予約をする、庭の剪定も何も考えず、まずは立ち上がって支度をして剪定バサミを持って庭に出るといった具合に。**あれこれ考える前に、まずは一歩を踏み出すというのがポイントです。**

仕事や社会生活では口先だけでは信頼されないどころか、約束を守らない人という烙印を押されてしまうので、みんなが意識するものですが、家庭内であると甘えが出てしまう人が多いものです。

生活をマネジメントしようという意識を持って、「家庭内社会人」の役割も果たしていきましょう。

家庭を「休憩所」にせず、まずは「初動」を起こす

List Number

24

普段から自分のやりたいことを語ればよかった

何年か前の某生命保険会社のCMで、「はじめて聞いた気がする、あなたのしたかったこと」という奥さんのセリフに「自分でもとっくに忘れていたんだ」と応じる旦那さんのシーンを記憶している人も少なくないでしょう。

最後には「人生をどのように送りたいのか。まず、今を知り、これからを描く」といった字幕が登場するCMですが、夫婦の距離感を見事に描いていました。

毎日慌ただしく過ごしている中で、やりたいことよりやるべきことのほうが増えていき、次第にやりたいことも忘れてしまう……。自分一人で温めていた夢は、このように忙しい毎日の中で徐々に消えていってしまうことがほとんどです。

夢や目標は語らないと、効力が落ちてきてしまいます。

確かに、時には誰にも語らず、内側に熱い思いをぐっと閉じ込めておく必要もあるでしょう。しかし、夫婦である限りは、**その夢を実現するために何より協力が必須です**。そもそも相手の協力が得られなければ、努力できない夢もあるのです。

このCMでは奥さんは黙って旦那さんを見るだけですが、その表情はどこかうれしそうです。旦那さんのライフプランを聞き、自分もその一部に入っていること、そしてその夢を自分も一緒に実現したいと思ったのかもしれません。

結婚とは人生のプロジェクトです。自分たちの思い描いた人生を、夫婦で力を合わせていかに実現するかを考える「事業」なのです。

そのプロジェクトを成功させるためには、大前提として「**人生をどのように送りたいのか**」をお互いが語り合うところから始まります。それがないと、お互いが歩み寄ることも、ベクトルをどう合わせていけばいいのかもわかりません。

かつてのように終身雇用が当たり前の時代だったときは、一度就職すれば定年まで勤め上げることに迷いがありませんでした。しかし、今のような時代では、転職も一般的ですし、起業することのハードルもどんどん下がってきています。

一方で、大企業も倒産する時代ですので、突然リストラされる可能性だって対岸の火事ではありません。予想外に転勤や異動をさせられる可能性だってあります。

そんな中で、働き方の価値観もどんどん変わってきています。

大企業で稼ぐことより、自分が楽しいと思うことを小さい会社で充実してできるような働き方を優先するような人や、都市より地方で生活することを選択する人も増えています。生き方の選択肢が増え、古い価値観が壊れ始めているなかで、**これからの夫婦に問われているのは、「どう生きたいのか」を描く力です。**

人生は、事を成すためだけにあるわけではありませんが、「どうありたいか」に向かって協力しながら前進することが、夫婦を夫婦たらしめているのです。

多くの夫婦は後から振り返って、**「何となく生きてきた」「何となく一緒にいた」ことを後悔しています。**価値観は人それぞれですが、何となく一緒にいただけでは、夫婦である意味はないのではないでしょうか。

二人になったということは、人生の目標に対する協力者ができたということでもあり、**人生を切り拓く上でも最強の応援団が付いたのです。**その夢に向かって進むためには、互いの夢を語り合い、時には修正を繰り返していくしかありません。

私が先人たちから教えてもらったその修正法に、「**夫婦ブレスト**」というものがあります。

これは、テレビドラマや映画などを一緒に見たときには、それを呼び水にして、一時間や二時間じっくり対話しながら、「自分のやりたいこと」や「夫婦のありたい姿」について話し合うというものです。

それを行っておくと、その後、お互いが定点観測をしながら状況をフィードバックしてくれるので、まさにバッティングフォームの崩れ始めた選手をコーチが修正するような関係になっていくのです。

普段からお互いの状況がわかっていれば、大リーグへ挑戦するときにもサポートできますし、しばらく二軍で休んでいたいときの気持ちもわかるはずです。

何でも急に話し合うことはできませんが、日頃からきっかけをつくって「夫婦ブレスト」をする習慣が持てると、いざ挑戦しようというときに強力なサポーターを付けられるのです。

日頃から「どう生きたいのか」を「夫婦ブレスト」で話し合う

List Number

25

細かいことばかりに目がいってしまった

「総論ＯＫ、各論待った」というのは、日本企業の会議などでの意思決定を揶揄した迷言ですが、言い得て妙なところがあります。

大筋より細かいところに目がいくというのは企業内では日常茶飯事で、企画書の本筋ではなく、「てにをは」のチェックに余念がないというか、そこしか指摘できない「てにをは上司」というのが少なからず存在するものです。

夫婦間でも、ついつい相手の細かいところが気になる人がいます。

これは、言った本人も後で後悔するケースがほとんどなので、人によっては「どうして小言ばかり言ってしまうんだろう」と嘆いていたりします。

ですが、言われた相手からすれば、何をやっても文句を言われるということがストレスとなり、いずれチリツモとなって夫婦関係がギクシャクしてしまうことはよく目にします。

奥さんから細かいことばかり言われている男性は、まるで母親から注意されているような気分となって、だんだん家に帰るのが嫌になってしまう人も少なくありません。

細かいところが気になるというのは、一つは習慣の違いであって、洗面所を汚して使うとか、トイレの便座のふたが開いたままだというようなケースです。「12　相手のちょっとした習慣が気に入らなかった」でも触れましたが、こういうときは、極力、対立構造をつくらないように**「指摘」ではなく「相談」というスタイルの話し方をすることが重要です。**

習慣の違いは、相手をイラ立せますが、それは悪意があってやっていることではないので、正論を言ってやめさせるというのは効果的ではありません。

もう一つは、性格の問題として、どうしても相手の細かいところが気になるということです。

「てにをは上司」のように、冷静に考えれば大したことではないのに、どうしても一言言っておきたい人はいますし、それが一言ではなく小言に発展してしまう人もいます。

「てにをは上司」には、ほとんどの人が極力資料を持っていかないようにするでしょう。それと同じように、もし相手に細かいことばかりを言っていたら、**相手は極力、文句を言**

われないように、コミュニケーションを遠ざけるようになるのです。

言っている本人としては、それは常に正しいことなので、まさかそんな反応になるとは思わないかもしれませんが、**夫婦間で正論は危険なのです。**

日常生活における夫婦のやり取りで「指摘」というのは、相手を変える効果はありません。それより相手を不快にさせ、話し合うことさえできなくなる距離感を生んでしまいます。

こういうときに、先人たちから受けた「**加点法**」「**鈍感力**」というアドバイスは、まさに夫婦間での接し方の法則になっています。

お互いが歩み寄るには、ダメなところを減点法で指摘するのではなく、「加点法」で考えるということ、相手のプラス面には敏感力、マイナス面には「鈍感力」で向き合うということです。

チームのマネジメントなどでも昔からいわれていることですが、これは人との接し方や見方を示唆する原理原則なのだと実感します。

正論は伝わらない。「加点法」「鈍感力」で接する

List Number

26

結婚して自由がなくなった

内閣府の二〇一〇年版「子ども・子育て白書」に掲載された、全国の二〇歳以上、四九歳未満の未婚者一万五四人を対象にしたインターネットアンケートで、「結婚しない理由」の結果が報告されています。

そのアンケートによると、男女、年齢を問わず「適当な相手にめぐり合わないから」がダントツの一位ですが、特に女性では「**自由や気楽さを失いたくないから**」という理由が三位になっています。

また、二〇一一年の二〇〜三九歳の未婚者を対象にした「結婚・家族形成に関する調査」でも、結婚生活を送る上での不安に対し、「**自分の自由時間がとれなくなる**」が女性で三七・三％、男性で二九・四％とそれぞれ上位を占めています。

これらのアンケートは、未婚者にとって、お金も時間も恋愛も自由ではなくなるのが結婚ととらえている実態を示しています。

しかし、一度も結婚したことのない未婚者ですから、そう思ったり感じたりするのはこれまでの経験からそういうイメージを持ったり、既婚者から愚痴半分の体験談を聞かされてそう判断している可能性も否めません。

確かに「結婚は束縛の制度」「人生の墓場」とは古今東西、老若男女を問わず、既婚者たちが自己を揶揄してきた事実でもあります。正直なところ、ほとんどの既婚者が結婚して自由がなくなったと感じているかもしれません。

「独身貴族」なんて言葉は、結婚して自由を失った人々が独身時代を懐かしむ気持ち半分、独身者を羨む気持ち半分で、ひねり出したものでしょう。

しかしその一方で、自由というのは、「健康なときには健康のありがたみがわからない」ように、**失ってはじめてその価値がわかるものです**。

結婚して、お金の使い方も休日の過ごし方も自分の思い通りにならなくなったことに束縛感や「自由を失った感」を持ち、さらに子供ができれば、なおさら拍車がかかるのは事実です。

特に女性の場合、出産直後は三時間おきにおっぱい、ミルクで起こされます。ミルクやおしめなら旦那さんが代われますが、おっぱいとなるとそうはいきません。自由なんて贅沢は言わないから、ほんのちょっとの時間でいいから一人になりたいというのが、幼児を抱える女性の本音かもしれません。

私自身が「幸せはなるものではく、感じるものだ」と気づいたのは、四〇代も半ばを過ぎたころでした。自由もそれに近いとは思いませんか。**「自由はなるものではなく、感じるもの」なのです。**

独身時代のような野放図な自由はなくても、子育て真っ最中に何もかも放り出したくなる衝動に駆られたとき、「俺が見ておくから、ちょっと一人になってこい」の一言に救われたら……。

時間にすれば、喫茶店で文庫本を読んで過ごした二時間程度であっても、彼女がそのときに感じた自由の効用たるや、独身時代のハワイを凌ぐ解放感かもしれません。

英語には日本語の自由を示す「Ｆｒｅｅｄｏｍ」の他に、束縛から解放されるニュアンスを持った「Ｌｉｂｅｒｔｙ」があるように、結婚後は自由の視点も既婚モードに転換してみてはいかがでしょうか。

その視点を持つことによって、独身時代には持ち得なかった、**小さな自由や解放感を味わう感性や感度が磨かれ、より深く自由を楽しむことができるようになるはずです。**

結婚で「自由」の質を変える

List Number

27

自分をオープンにできなかった

うまくいっている夫婦とそうじゃない夫婦の違いには、いろいろな要因がありますが、はっきりしているのは、うまくいく夫婦は**お互いが「秘密主義」ではないということです。**

これは、一つの夫婦の法則です。

なぜなら、お互いが気持ちを通じ合わせるということは、お互いに「**共有**」という意識が前提にあるからです。

夫婦には「二人でひとつ」という発想が必要です。これは、自分の個性をなくすとか、相手に依存するということではありません。

結婚というプロジェクトを運営している上で、どちらかが幸福であるけど、どちらかは不幸であるというのは、プロジェクトとして成功していません。二人が幸せであるというのがゴールですから、一方が快適でも、他方に負担があるなら、それは犠牲になっているということですから、プロジェクトとしては破綻しているのです。

この辺がわかっていない夫婦は、その発想の根本に「分かち合う」という考え方が足りないのだといえます。

相手の喜びが自分の喜びであり、自分の喜びが相手の喜びとなる。そうなるためには、**分かち合うこと自体が喜びにならなければいけません**。

分かち合うことが喜びになれば、努力や苦しみも分かち合うことができるようになるのです。そうすれば、**人生の楽しみ方も二倍となるはずです**。

人は誰しも「自己領域」というものを持っています。動物には相手に入ってこられると威嚇する距離というのがありますが、人にもそれぞれ生きていく上で大切にしている、相手との距離感というのがあるはずです。ここに土足で入り込む人には不快感を感じます。

それは、自分という存在を保つためにはとても重要なバリアとなっています。

しかし、このバリアの範囲は人それぞれです。

オープンな人は自己領域が狭く相手を懐まで受け入れますが、クローズドな人は一定の縄張りの外に相手を押し出します。

これは、どちらが良いということではありません。人付き合いが苦手な人はこのバリアの壁が高いですが、それは個性の一つです。

ただ、夫婦というのは、分かち合う「共有」という発想が前提となりますので、このバリアの高さは時に障壁となるのです。

結婚が自分を「社会化」する行為であるというのは、**この自己領域に相手を招き入れるということでもあります**。これまで自分一人で完結していた世界を、「二人でひとつ」という共有の世界へ開放することです。

夫婦間で話し合いをしていても、自分の高い壁があると、相手の言うことを受け入れづらくなります。どれだけ「そう思おうとしても」、相手の喜びを自分の喜びとして感じることはできないでしょう。

結婚とは、自己領域を「**夫婦領域**」へと変えていくことが求められます。それは良い悪いとはまた違って、夫婦で喜びを共有するためには、必要なことなのです。

先人たちの後悔の中に、「どうせ理解されないと思って言わなかった」とか「相手が何を考えているかずっとわからなかった」というものが少なからずあります。

これは、自己領域に固執して、夫婦領域をつくれなかったことを意味します。

そんな夫婦に共通することは、**喜怒哀楽を分かち合えていないということです**。

今日一日、何があったかを話し合う上でも、出来事を話し合うより、「**お互いの感情**」

を話し合うことのほうがコミュニケーションとしては効果的だと、うまくいっている夫婦は語ります。

会社でこういうつらい思いをしたとか、仕事がうまくいってこんなにうれしかったという「感情」を共有することが重要です。

そして、喜怒哀楽を分かち合うというのは、「**言葉**」を分かち合うことでもあります。**分かち合うとは、言葉を共有することなのです。**

相手に理解されないというのは、相手に「伝える力」が足りないということでもあり、自分をオープンにできないということも、**実際は自分を伝える言葉がないということです。**

そのことに気づけば、内向的な人が無理矢理オープンになる必要はなく、自分の感情を伝える言葉を見つける努力が足りないのだとわかるはずです。

夫婦間においても自己領域は大切であり、何でもかんでも言い合う関係が理想的なのではありません。

けれど、バリアを張り続けるのではなく、夫婦領域という社会化された領域をつくり出すには、自分の気持ちを言語化し、お互いの感情を伝え合う力が必要になるのです。

夫婦領域を生み出すために、「言語化する力」「伝える力」を磨く

List Number

28

子供ができて夫婦関係がギスギスしてしまった

子供ができるということは、家族が一人増えるわけですから、当然それをきっかけに夫婦の関係も変わってきます。家族の中心が子供になったと感じることもあるでしょうし、良かれ悪しかれ常に夫婦の間に子供がいる状態が始まるわけです。

子供の誕生は幸せの絶頂である反面、夫婦の間にはさまざまな問題も引き起こします。

先に触れた「一歳危機」もその一つで、ベネッセ次世代育成研究所が二〇〇六〜二〇〇七年に第一子を妊娠中だった全国の夫婦に三年間にわたって調査したデータによれば、「配偶者といると本当に愛していると実感する」人の割合が妊娠期は男女とも七四％であるのに対し、子供が〇歳時期には夫が六四％、妻が四六％、さらに一歳児期には夫が五四％、妻が三七％と、夫婦ともに徐々に減少していることがはっきりとわかります。

特に、妻の愛情が夫の愛情と比較して、急激に薄れていっているのです。

しかも、夫は「家事、仕事、育児をよくねぎらってくれる」「家族と一緒に過ごす時間を努力してつくっている」という質問に対し、妊娠中、〇歳児期ともに「愛情を感じなくなった」妻では、その割合は二六％にまで下がっていることは、愛情が薄れる理由に、夫の家事・育児への協力のなさがあることは間違いないでしょう。

こうしたデータは、**出産とともに育児や家事に対する思惑のズレが、出産前と出産後で浮き彫りになっていることを表しています。**

特に育児のもっとも大変な時期に、協力的でなかった夫への失望は若い夫婦にとっての最大の離婚要因といっても過言ではありません。

ちなみに、厚生労働省の「離婚に関する統計」によれば、離婚率のトップは男女とも三〇代前半で、ついで三〇代後半、二〇代後半という順番ですが、この時期も夫婦の育児期と重なります。

先のベネッセ次世代育成研究所の調査では、奥さんの九割以上はほとんど毎日、家事や子供との遊びをするのに対し、旦那さんの三割以上は家事をほとんどせず、家事や育児にかかわる旦那さんも当事者意識が薄く、手伝い気分だと余計に奥さんをいらだたせてしまうのだそうです。

これだけ世の中がイクメンと騒いでいても、実際のところでは、多くの夫が家事や育児に協力していないという客観的なデータがあることは、これから出産を迎える女性にとってはかなり深刻な問題だと受け止めたほうがいいと思います。

出産後に「一歳危機」がある背景には、他にもいろいろとすれ違いの理由があって、仮に夫が多少なりとも協力的であったとしても、早く帰宅したタイミングが子供を寝かす時間と重なり、妻からガミガミ言われて嫌になったとか、労をねぎらおうと一生懸命妻に話しかけたけど、睡眠不足の妻からは「疲労感をもっと理解してほしい」とかえって冷たくされたなど、ギスギスした関係に発展しがちな要因がいたるところにあります。

また、この時期には、セックスレスの問題も離婚に発展する大きな原因となっているようです。妻は子供優先の生活に切り替わり、授乳によって女性ホルモンの分泌も抑制される上に、育児の疲労感も重なって、気持ちがセックスに向かわなくなります。

男性も年齢的にちょうど仕事が忙しい時期ではありますが、性的欲求に大きな変化がないので、お互いに齟齬が生まれやすいのです。

この一歳危機に対応するためには、**何より男性側が出産後の生活スタイルを大きく変えることが重要です**。先の調査でも、男性が生活スタイルを変えないことに、妻からの不満が集まりやすくなっていましたが、出産という夫婦にとっての一大イベントをお互いが助け合わなければとても乗り越えられません。

この時期にうまくやり繰りした男性からのアドバイスは、とにかく「**育児シフト**」を敷くということです

育児期はどんなに忙しくても、特別な時期だと考えることがまずは重要です。それは夫としての義務であり、できるできないの話ではありません。

そして、一日、一週間、一カ月、一年のスケジュールを、育児中心のものに組み替えてしまうのです。例えば、平日の帰宅後や週末などに、育児と家事に携わるスケジュールをあらかじめ入れてしまいます。

こうすれば、そこに突発的な会議や飲み会、そしてゴルフやテニスなどの趣味の時間は入りません。育児シフトなので、育児が優先順位第一位ですから、そこは仕方ありません。

仕事だからできないときもあるというのは言い訳です。私は極めて重大な会議や、大事な経営者との会食中でも、育児を理由に途中で退席してきました。

確かに相手を困らせたかもしれませんが、それが理由で何か決定的な損失を負ったということなどありません。結局こうした事情も、**相手や会社への説明の仕方なのです。**

最初からできないと思っているだけで、伝え方や工夫次第で十分やれていることは、私も含め、多くの先人たちが実証しています。

また、育児にはある程度、期限があります。これがずっと続くとなればさすがに問題かもしれませんが、期間限定であれば、いくらでも調整はできるはずです。

私は独身時代は毎晩のように飲みに行っていましたが、子供が生まれたタイミングでは、年数回まで落としました。大好きだったゴルフもきっぱりやめました。

育児というのは夫婦の「**共同事業**」ですから、そもそも奥さん任せでは成り立たないものです。男性は、一歳危機の調査結果から、子供が一歳時期の段階では、多くの家庭で離婚の時限爆弾のスイッチが押されているという事態をもっと深刻に受け止めるべきです。

まずは、頭や感情で考えるより、とにかくスケジュール表に枠や線を書き込んで「育児シフト」を行い、何とか実現することを考えるようにしてみてください。

もともと子供という最大のモチベーションリソースがありますので、習慣化すれば誰でも実現できるものです。

いかなる理由があろうと「育児シフト」で生活スタイルを変える

第4章

幸せな家庭をつくるために知っておくこと

List Number

29

お互い貯蓄計画に無頓着だった

結婚生活の後悔という点では、経済的な問題を避けて通ることはできません。場合によっては、**これを一番にあげる人も少なくないくらいです**。

使っても使っても有り余るくらいの収入があれば別ですが、ほとんどの人は限られた毎月の給料の中で日々やり繰りしながら生活しているはずです。

毎日の生活においては、自由に使えるお金が少ないといった不満は抱えながらも、多くの家庭がギリギリのところで上手にやっているかもしれません。

しかし、結婚すると、独身時代より、**まとまったお金が必要になるタイミングがあります**。家族旅行にしても単純に二人分の費用がかかりますから、一人でさっと気軽に行ける料金ではありませんし、家の購入時のまとまった頭金、家族の病気療養代、子供ができればまとまった教育費も必要となります。

普段から夫婦が協力して貯蓄することができず、いざというときにお金がなくて、諍いや不仲に発展してしまったことを後悔する人は後を絶ちません。

二〇一一年の「家計の金融行動に関する世論調査」によると、二人以上の世帯で「貯蓄がない」と答えた世帯の割合は二八・六％に上り、調査を始めた一九六三年以来、過去最高となったそうですが、これは景気低迷だけが理由でしょうか。

共働きであっても収入がなかなか増えない時代、勧められるままに生命保険に入り、交際費を独身時代と同じように使い、子供にも好きなものを買い与えて月給を使い切り、あげくの果てに収支の不足分はカードローンを利用するといった生活習慣病があると、いざとなったときに後悔することになります。

独身時代は足りなくなっても、自分だけのことなので何とかなるものですが、結婚生活では、家族に関わる想定外の大きな出費もあるので、**貯蓄への計画性はその後の人生計画にも直結するのです**。

経済基盤も、夫婦がともに向き合うプロジェクトにおいてはベースとなるものですので、場合によっては、途中でプロジェクトが立ち行かなくなり、後悔では済まない事態に陥ることもあるのです。これは収入の多少とは関係がありません。

企業やプロジェクトには必ず、予算計画というものがあります。売上が減りそうなら経費を削減することが当たり前ですが、どう売上を拡大するかに知恵を絞らない会社はないはずです。ただ、縮小均衡に甘んじる企業に将来はないというのは、暗黙の了解といってもいいでしょう。

家計も同様です。予算計画を立てる上で、家計簿などで収支のバランスをチェックするというのはもちろん大切なことですが、**これがなかなか続かないのは、やはり夢がないからです**。

節約が趣味なら別ですが、ほとんどの人はそうではないでしょう。そんなときこそ、**家庭内でも目標の実現に向けた予算計画にしたいものです**。

かつて、当時四〇代だった、とある創業社長から「人生ってのはね、願ったことは大体かなうもんだから、仕事でもプライベートでもきちんと目標を立てて、計画に落としておくといいよ」と薫陶を受けたものです。

その会社はその後、株式上場して、その社長の家庭も実に幸せそうですが、その方はまさに仕事でもプライベートでも目標を立てて計画に落とし、実践していくことの大切さを身を持って証明したのです。

家庭を「経営」していくためにも、夫婦間で経営計画を立てることが大切です。経営は企業同様一年とか半期単位にして、その都度予算の達成率をチェックしていくのが一番効果的です。

基本的にお金には「稼ぐ」「使う」「貯める」「増やす」の四つしかありません。立てた目標に到達するためには、四つのフェーズのうちどこに力を入れるべきなのか、自分たちにとって「稼ぐ」フェーズが現実的であれば、それを具体的に計画に落とし込んだり、収入アップが見込めないなら、使い方を工夫しながら貯めていく計画をつくることが必要なのです。

貯めたいという願望を持ちながら実行できない夫婦は、何より放っておいて貯まることなど絶対にないという現実を受け入れて、**「経営」という発想に切り替えることです。**

本来、使うだけ使って貯金できないと嘆くのは、売上を立てられないのになぜ倒産したのかわからないと言っているようなものです。

立てた目標がお互いの心の底からの願いであれば、貯蓄など実は簡単なものです。

問題は、それが**本当にお互いが望む目標**なのかということと、**例外はつくらない**ということ、そして目標は年間で一〇〇万円などと**シンプルにしたほうがいい**というのを、実際に家購入の頭金を短期間で一〇〇〇万円貯めた知人も話していました。

ただ、長期の貯蓄計画といっても、「三〇年で三〇〇〇万円貯める」というのは、あまりに先すぎて現実感もないため、モチベーションもわかずにうまくいきません。

先人たちのアドバイスによれば、**三年とか五年のスパンの目標と計画を立てて、第一次五カ年計画、第二次、第三次と刻んでいく方法がお勧めだそうです。**実は、私もこの方法を取り入れて、クルマ、マンション、土地、家などを順番に買って実証済みです。

「家を買うために五年で一〇〇〇万円」といった貯金計画を立てて、一〇〇〇マスグラフなどで貯金状況を見える化し、目標達成を果たした夫婦も少なくありません。

だいたい、将来の目標や夢がなかったら、貯蓄、節約、我慢、禁欲する動機は生まれないはずです。どうしても現状のサラリーだけでは実現するのが難しい夢があるなら、より収入が多いところへ転職するという選択も出てきますし、場合によっては不足額を副業で補うといった拡大戦略も必要になるかもしれません。

いずれにしろ、目標を立てて計画に落とさない限りは何も始まらないのです。

そして、夫婦間で将来のそうした夢を語り合っていく中で二人の絆に血が通い合い、目標を熱くシェアし、ともに行動できるようになっていくのです。

目的を明確にして、三〜五カ年計画の予算をつくり実行する

List Number

30

財布の管理法を間違った

前項では、まとまったお金の貯蓄についての後悔をご紹介しましたが、ここではもう少し日常的なお金の管理、特にお互いの財布の管理における後悔をご紹介します。

すでに結婚している人は、結婚前に、周りの既婚者に財布の管理法について聞いて回った経験があるかもしれません。

私自身も新人時代から、「結婚したら財布は自分で握れ」とよく先輩からアドバイスされていましたが、当時は漠然と主導権を握れということなのかと聞き流していました。

しかし、実際に結婚が近づくと、財布の管理法については男性で後悔している人が多いため、他人事ではなくなりました。いったん奥さんに預けてしまった人は途中で変えるのが難しくなるため、後々、火種になりやすいと聞いていたからです。

財布の管理法は、大きく分けると「**奥さん管理型**」と「**旦那さん管理型**」、そして共働き夫婦に多いのが、家賃や家のローンが旦那さんで、食費等の生活費が奥さんとか、生活費は旦那さんで、旅行費等のまとまった出費が奥さんといった「**折衷型**」です。

一般的には、共働き期は「折衷型」であっても、子供ができて奥さんが仕事を辞めると、だいたいは「奥さん管理型」か「旦那さん管理型」に落ち着くものです。

「奥さん管理型」の場合、旦那さんはお小遣い制になって、家計のことや大きな買い物、貯金などのやり繰りも、次第に奥さんが決定権を握るようになります。

お財布は奥さんが握るということになるので、クルマの買い替えのときなども、決裁者は奥さんということになりがちです。収入源がどこにあるかとは別に、財布を握ったものが強いというのは、あらゆる組織と同じかもしれません。

「奥さん管理型」の場合、男性にとっては月々のお小遣いが少なくて、**使えるお金に限りがあるというのが最大の不満です**。小遣いに昼食代が含まれ、なおかつ喫煙者となると残りが一万円くらいで、飲みにいくのも苦労すると嘆いていた知人がいました。

また、ずっと奥さんが家計も管理していたはずなのに、すっかり買い物依存症となってしまい、老後の蓄えもきれいさっぱり使い切ってしまい、気がつけば貯金がゼロになっていたという、元キレ者で鳴らした事業部長のケースもあります。

老後の計画が完全におじゃんになってしまったこの部長さんは、財布を奥さん任せにしたこと、**丸投げしてずっと関与しなかったこと**を茫然と後悔していました。

一方で、「旦那さん管理型」でも後悔ネタは尽きません。

もともと几帳面な人であればいいですが、自分が管理されることが嫌だという理由だけで財布を握ったEさんは、それをいいことに好きなようにお金を使い、あたかも貯金しているそぶりで奥さんに話し続けていました。

奥さんもそれを信用して、自分は限られたお小遣いで器用にやり繰りしていましたが、あるときEさんの嘘が発覚、貯金どころか、カツカツの状況だということがわかったのです。

ちょうどEさんの子供に教育費がかかるタイミングだったこともあり、さらに事態は悪化、今では「奥さん管理型」に強制的に変えられ、Eさんのお小遣いの額もガクンと減らされる結果となりました。

どちらかが管理するというのは、当然、将来の貯蓄も前提に入れたきめ細かいやり繰りが求められますが、もともとお金の扱いが苦手で、あればあるだけ使っていたEさんにとっては、かなりの負担だったようです。最初は何とかやれていても、途中で破綻していたことは、Eさん自身もわかっていたようです。

これらの例が示す通り、日々の財布の管理というのは、「奥さん管理型」でも「旦那さん管理型」のどちらでも、**任せっぱなしではいけないということです**。

どちらかがへそくりを貯めるという程度ならかわいいものですが、完全に任せっ放しにしてうまくいく場合は、よほど運営する側の能力が高いというのが前提となります。

貯金まで使い込んでしまうとか、それが理由で離婚するといった最悪の結果にならなくても、本来ならもっと上手に運営して貯蓄することができたのに、Eさんの子供の教育費のように、いざというときになくて困ったということもあるでしょう。

そうならないためにも、どちらかに完全に任せてはいけないというのが、うまくいっている諸先輩たちのアドバイスでした。

家庭を「経営」していく上での役割分担は必要ですが、誰もが経営者的な発想、会計スキルを持つことが求められているように、「お金は苦手」では経営はできません。

貯蓄を見える化したり、月次や半期の収支を確認できる仕組みをつくったほうが、より健全に家庭をマネジメントすることができるのです。

ただ、お互いがチェック機能になって抑止力を持つことも大切ですが、相手に管理されるというのは、あまり気持ちのいいものではありません。

人によっては、「尻に敷かれているほうが家庭円満」であることを強く主張する人もいますので、これは各家庭のキャラクターや夫婦関係に左右されることも多々あります。

自分が何にお金を使っているかを相手にいちいちチェックされるのは、誰でも嫌だと思いますので、**ポイントは「透明化するところ」と「透明化しないところ」をはっきり分けるというのがベストな解決策のようです。**

家賃や住宅ローン、食費、光熱費などの家計費、固定費などは透明化して、夫婦二人で管理できるのが望ましいですが、逆に夫婦といえどもお小遣いは透明化していないほうがいいというのが、双方の本音ではないでしょうか。

そのため、給与口座をそのまま家計口座にするのではなく、趣味やお小遣いの口座は別につくったり、手をつけない貯蓄口座も別につくって積み立てていくというのが理想的です。お金はあればあるだけつい使ってしまいますが、**物理的に口座を分けて管理するというのが、もっとも効果がある方法なのです。**

どちらがメインで管理するにしても、家計の支出と個人の趣味の支出が区別できて、後者に歯止めがかかる仕組みを夫婦で共有しておくことが、うまくいく秘訣です。

どちらかに任せっきりにせず、「家計口座」と「趣味・貯蓄口座」を分ける

List Number

31

面倒くさがらずに、記念日などを祝えばよかった

無意識にでも、仕事と家庭に優劣をつけている人は、忙しい日々に区切りをつくれず、気づいたら夫婦間にもミゾが生まれ、家族の中でも居場所がないという事態に陥りがちです。

これまでも見てきたように、家庭生活を上手にマネジメントできている人は、毎日ではなくても、**定期的に家族との時間を取るようにしています**。

夫婦間での齟齬を早期発見できていればすぐに解決できたことでも、そのまま放置してしまって、気がつけば癌でいうところのステージⅢとかⅣにまで病を進めてしまう人は後を絶ちません。

定期的に家庭に真剣に向き合う最後のチャンスと言っては大げさですが、逆転ホームランを打つことができるのが、実は記念日です。

結婚を後悔する先人たちは、そのことを知ってか、後から忙しい毎日を振り返ったとき

に、**この日々の区切りとなる記念日に何もしなかったことを後悔しています。**

家族で一緒に記念日を祝うという習慣は、些細なようであっても、その後の記憶に刻まれますし、家族にとっての共通の話題にもなるのです。

実は、うまくいっている夫婦と、あまりうまくいっていない夫婦を見分けるには、この「記念日の祝い方」を知ればわかります。

家庭をマネジメントしようという意識のない人は、まず間違いなく記念日を祝いませんが、逆に家庭に積極的に向き合おうとする人は、この記念日を大切にしています。なぜなら、**そこに夫婦や家庭を「経営」していく上で重要な要素が隠されていることを知っているからです。**

記念日を祝うというのは、実際のところ、非常に面倒なことです。ですので、面倒を言い訳にし出すと、すぐにやらなくなります。

けれど、相手を思いやり、苦手な自分を克服したり、その中でも楽しいことを見つけて守備範囲を広げていくことで、面倒な作業を楽しさに転換できるのです。

コミュニケーションにおいても、相手のニーズを読み取り適切な言葉をかけたりと、それを習慣化するのがポイントですが、実はこうしたことは、記念日の祝い方に象徴されているのです。

結婚記念日を女性はずっと覚えているのに対し、男性は忘れてしまいがちといわれますが、確かにその傾向はあるかもしれません。誕生日も、新婚のころから結婚数年目くらいまではプレゼントを準備したり、サプライズを企画する旦那さんも多いようですが、ある時期からケーキだけになってしまうのは、とにかくプレゼント選びが面倒だからという声も少なくありません。

確かに「釣った魚にエサはいらない」ではありませんが、プレゼントをしたくても軍資金も潤沢でなかったり、予算を捻出できたとしても、その予算内で相手が喜んでくれるものを探すのがまた面倒な作業となってしまいます。

デパートの店員さんの総力を集めて選んだプレゼントが喜んでもらえなかったどころか、「○○○のほうがよかった」なんて言われてしまっては、翌年からプレゼントを選ぶモチベーションすら萎えてしまうものです。

自己申告制というか、あらかじめ欲しいものを聞いておく手もありますが、アクセサリーと言われても好みをちょっと聞いたくらいでは、簡単に選ぶことはできませんし、予算という問題も出てきます。

もちろん演出の目玉はプレゼントだけではありませんが、プレゼント以外の目玉を考えるのがプレゼント以上にやっかいで、面倒に感じてしまってついつい後回しになって、ついにはその習慣がなくなっていく人も多いのかもしれません。

しかし、うまくやり繰りしている人は、**忙しい中でも相手のニーズを聞き出したり、普段から相手の嗜好の変化や直近の関心事などをチェックしたり**、あるいはレストランを探す上でも、自分が前から行きたかったところを上手に入れて、同時に今のトレンドまでチェックできるようにしたりと、楽しめる習慣を身につけています。

ただではやらないではないですが、**下調べをしながら、別の教養まで楽しんで身につけていることとさえあるのです**。

その上で、相手がもっとも望んでいるものをちゃんとプレゼントできるのです。

それは必ずしも高級なものではなく、例えば、育児の真っ最中の二〇代、三〇代の奥さんなら、結婚記念日に一番欲しいのは「一人になる時間」かもしれませんし、「友人と久しぶりに会う」ことかもしれませんし、実家のお母さんとの温泉旅行かもしれません。

このあたりのツボを押さえておけば、予算内に収まるプレゼント探しに閉口することもありませんし、せっかく選んだプレゼントに「他のものが欲しかった」と言われることはなくなるでしょう。


記念日は夫婦マネジメントのツボ。相手のニーズを押さえて自ら楽しむ

List Number

32

二人の時間が持てず、すれ違いばかりだった

すれ違いというのは、離婚の理由としてよくいわれることですが、**単純に一緒にいる時間が長ければいいということではないようです。**

もちろん、二人の時間を持てるのに越したことはないですが、お互いがそれぞれ別の趣味を持っていて忙しい夫婦や、勤務時間や休日が合わない夫婦にとっては、特に後悔ネタに発展しやすいものです。

しかし、忙しくてそれほど接点を持てているようには見えない夫婦でも、うまくいっている場合があるのに、良きパパとして休日は家庭に向き合っているように見えた人でも、突然、すれ違いという理由で離婚するのはなぜなのでしょうか。

以前、同級生のQさんと食事をしていたときのことです。なんかいつもより元気がないような気がしたので尋ねてみると、離婚したというのです。

Qさんは同級生の間では愛妻家として知られ、奥さんもQさんに寄り添って、次の休日

には何をするとか夏休みはどこに行くとか常に計画を立てて、夫婦の時間を大切にする人でした。

まさかうちなんかよりよっぽど夫婦仲の良いQさんが離婚するなんて、にわかに信じがたいことだったのですが、彼の言葉を借りれば、海外出張が多くて奥さんが望んでいただけの二人の時間が取れずに、すれ違ってしまったということです。

Qさんは一緒にいる時間をもっと持てばよかったと後悔しているのですが、同時に休日や夏休みなどは二人の時間を最優先するようにQさんなりに努力はしていたのです。

奥さんはQさんのご両親にも気に入られていて、他にはこれといった原因がないどころか、周りには理想の夫婦に見えていました。

一方で、Rさんは Qさんより激しいすれ違い生活を送っていたのに、家庭はうまくいっています。

Rさん夫婦は、一日の生活時間帯が最初からずれており、Rさんは昼間の仕事なのに対して、旦那さんは業界的に夜がメインの仕事で、帰宅は毎日早朝でした。

共働きにもかかわらず、結婚当初、家事はほとんどRさんがやっていたため、なんで自分ばかり家事を負担しなければならないのかという不満に、生活時間帯が違うという物理的なすれ違い生活が加わって、強いストレスを感じていたといいます。

結婚したのに、夕食後の団らんがまったくない生活にも非常に違和感があり、ちょっと聞いてほしいことがあったり、相談したいことがあっても、相手がそこにいない空虚感を持っていました。

そんなことで、夫婦関係もギスギスし出して、小さないざこざが続いたそうです。そのうちに「こんなんじゃいられない」とRさんの不満が爆発、二人でじっくり話し合って、朝食は仕事から帰った旦那さんが担当するようになりました。

まずは、それまでは別々だった朝食を一緒に食べることで、夫婦のコミュニケーションの時間にあてるようにしたというのです。

旦那さんは料理の経験などなく、結婚前はインスタントラーメンしかつくれないレベルだったそうですが、今では朝食のメニュー情報をいろいろ集めて、飽きない工夫をしているそうです。


ともにすれ違い生活だったのに離婚にいたったQさんと、苦手意識を克服してコミュニケーションを取れるようにしたRさん、その違いは何だったのでしょうか。

正直なところ、ぱっと見ではQさんのほうがうまくいっているように見えていたのに、結果は違っていたのです。

先人たちの教えをひもとけば、最大の違いこそ、Rさんには「朝食」という夫婦の接点が設けられたことです。

Qさんは休日やバケーションを一緒に過ごすことは心がけたものの、あくまで休日・休暇を気持ちで共有したにすぎません。厳しい言い方をすれば、その時間をただ一緒にいたというだけなのです。

しかし、Rさんが朝食を共有したというのは、**日常生活を共有していることであり、日々の悩みや苦労、そして喜びも常に共有していることになっているのです。**

すれ違いを後悔する先人たちによれば、時間の長さの問題ではなく、**「日常の共有」こそがすれ違いを克服する処方箋であるということです。**一日三〇分でも一時間でも、毎日顔を突き合わせて日常を共有できてさえいれば、意外と大事にはいたらないのです。

どんなに週末や夏休みに一緒にいても、平日のコミュニケーションが足りずにお互いの接点が持てないなら、やはり休日や休暇だけでは回復できないようです。

まさに、結婚生活が日々の積み重ねであることを象徴する教訓だといえます。

短時間でも毎日「日常の共有」をする

List Number

33

もっと真剣に日常のイベントを計画すればよかった

これまで「記念日」と「日常の共有」の大切さに触れましたが、もう一つポイントとなってくるのが、**「イベント」**です。

夫婦や家族が得る満足度は「時間×濃さ」ですから、ただ単純に一緒にいればいいというだけではダメなのです。

記念日の祝い方とも重なりますが、濃さを共有するためには**「企画力」**が必要です。ずばり、**結婚とは企画力でもあるのです。**

日常を共有するためには、何より日々のコミュニケーションが大切ですが、それなりに一緒にいるつもりでも、なぜか気持ちにすれ違いが生まれるというのは、企画力が足りないのだと、後悔する先人たちも語っています。

そして、**それをわかっていながらも「面倒くささ」に負けてしまった**ことを、多くの人が後悔しているのです。

破局した夫婦、もしくはその予備軍の奥さんが口を揃えて言うのが、旦那さんに対する日頃のイベントの足りなさです。家族サービスというと何とも味気ないですが、「こんなに面倒くさがり屋だとは思わなかった」「こんな出不精な人だとは思わなかった」と嘆く奥さんがいかに多いことか……。

別に奥さんが旦那さんを引っ張り出したっていいのですが、夫婦や家族をマネジメントしていく上で、このイベントを生み出す企画力はかなり重要な能力だと言えるでしょう。

ところで、シビアな見方をすれば、実は男性の企画力は結婚前にある程度見抜けます。デートに連れて行ってくれる場所が毎回ワクワクするような場所であれば、その男性は企画することに対して前向きで、好奇心も旺盛、知識も豊富であることを意味します。

しかし、毎回同じようなデートコースしか提案できなかったり、その選択肢の少ない男性は、家庭を持ってもイベントをつくり出す企画力は低いのです。

さらに、この企画力には「面倒くささ」というものが付き物ですので、企画を見ているだけで、**この男性が面倒くささとどう向き合っているかも如実にわかります**。

面倒だと思っても、新しいことにチャレンジすることに積極的であれば、結婚生活も常に進化する方向へ歩めますが、常に同じ場所に行き、同じ料理を食べ、同じことをやるのに満足している人は、必ず「面倒くさい」を言い訳にするようになります。

もちろんその後、自分の苦手意識を受け入れ、克服していける男性もたくさんいますし、企画力は男性だけに求められるものではないので、夫に企画力がないなら、妻が補えばいいのですが、**お互いが企画することに前向きであることは、家庭をマネジメントしていく上で後々重要な要素となってきます。**

企画力を身につけることで、自分も常に新しいことに挑戦して、心からワクワクすることができますし、心身ともにリフレッシュすることで、仕事にもさらに前向きに取り組むこともできます。

もちろんイベントを通して、夫婦間の心の距離も、家族内でのコミュニケーションも活性化するはずです。

子供が生まれれば、子供に合わせて嫌々行くのではなくて、自分も真剣に楽しむ。そうしたことは子供にも必ず伝わりますし、真剣であれば、**自分の物の見方や価値観、あるいは幸福を感じるポイントというのも、イベントに応じて変化していくかもしれません。**

忙しいを言い訳にすると、すぐ面倒に感じてしまい、結局イベントについては、「お金を出す人」だけになってしまいがちです。けれど、それでは自分も、相手も、家族も空しさを感じるだけです。

季節に合わせて少し遠出をしたり、記念日に合わせてサプライズを考える、ホタル狩り、七夕、クリスマス、こいのぼり、豆まきなどなど、企画力を磨いていけば、日常の中には数々のイベントが潜んでいることに気づくはずです。

なお、先人たちの弁もそうでしたし、自分のケースを考えてもそうなのですが、**子供と一緒に遊べる時期というのは実はそんなに長くありません**。子供を交えた家族イベントというのは、子供が成長するにつれてなくなってしまうもので、すぐに親より友達と過ごすほうが楽しいときがやってきます。

期限つきなのですから、それまでは子供の経験にインパクトを与えられるようなもので、かつ自分のワクワクできるイベントをぜひ企画してみましょう。

家庭マネジメントは「企画力」。面倒くささを超えて自分が真剣に楽しむ

List Number

34

もっと旅行を計画すればよかった

これまで、夫婦間における企画力の大切さについて触れてきましたが、忙しいビジネスパーソンの中には、どうしても日常のイベントを企画し、実行するための時間がない人が多いことも事実です。

そうした人は、頑張って非日常イベントとなる家族旅行を計画するしかありません。

ただ、「32　二人の時間が持てず、すれ違いばかりだった」で紹介したQさんも、同じように平日は仕事に忙殺される毎日でしたので、休暇を何とかつくり出して、家族旅行を実行していたのですが、彼が結果的に離婚にいたってしまった経緯を考えると、先人たちの教えと重なる部分があることがわかりました。

それは、「**体験の共有**」ができていないということです。

もちろん、もっとも重要なのは「日常の共有」なのですが、どうしてもコミュニケーションの「時間×濃さ」が実現できそうもない人は、非日常イベントでの「体験の共有」を意識する必要があります。

Qさんは、夏の旅行計画もちゃんと立てていたのですが、それは「どこかに一緒に行く」ということがメインだったのです。

人は生きている上でさまざまな「経験」をしますが、それだけでは単に知識が積み上がっていくだけで、成長を促すことにはなりません。経験を自分事にして、そのときの学びや感動を自分自身の中に肉付けしていくには、**経験を自分のものに引き寄せ「体験化」することが必要です**。

家族旅行をするという行為は、一見体験しているようにも思えますが、それだけでは、ディズニーランドのアトラクションのように、ただ同じ乗り物に乗って、次から次へと現れる出来事を一緒に眺めているというだけなのです。

後で後悔する先人たちの多くは、「これだけ一緒に旅行にいったのに、なぜダメだったんだ……」と嘆きます。

しかし、旅行が家族マネジメントにおいて絆を生み出す一つのきっかけとなるには、**夫婦や家族が一つの目的に向かって協力したときや、ドキドキやワクワクという共通の感情を「体験」したときなのです**。

仮に一緒にキャンプをしても、キャンプの知識が豊富であることはそれほど大切なことではありません。一緒に火をおこすことのドキドキした感情を共有したり、自分も見たことがない星空の下で一緒に感動して語り合うことのほうが「体験」となるのです。

英語が話せないからと外国で不機嫌になったり、安全なことばかりをやっているより、言葉は話せなくても素直に楽しむという「体験」を共有できることのほうが、心は通じ合うものなのです。

特に男性は、つい自分の得意なことや知っている範囲で片づけてしまう習性がありますが、これでは何ら感動は生まれません。「家族サービス」や「家族メンテナンス」という言葉がありますが、**文字通り義務のように嫌々やっているだけでは、それはやっていないのと同じです**。

英語が話せるというのは、家族から尊敬されるかもしれませんが、それ自体が夫婦や家族の絆を深めることにはなりません。それより、言葉は話せなくても、外国で冷や汗をかきながら、みんなで協力して目的地に着いたことのほうで、家族は一体になるのです。

昔から、「子供が生まれる前にもっと旅行すればよかった」とか「子供が大きくなる前に一緒に旅行しておけ」といわれるのは、単にその時間が有限であるということを意味するだけではなく、**その期間における「体験の共有」が何よりコミュニケーションにおいて大切だということでもあるのです。**

字面通り受け取って、ただ旅行の回数を増やしても、結局離婚してしまったQさんのように、夫婦や家族にとってはつながりを生み出さない経験にしかなりません。

そのためには、家族をメンテナンスするという発想から離れて、**本人が素直に楽しんだり、感動できる旅行を計画する企画力が重要です。**

プロジェクトチームが一丸となるためには「体験」や「感動」が必要なように、家族をマネジメントしていく上でも、「感情」を揺さぶるような「体験」を共有することが必要なのです。

一緒にワクワクできる「体験」を共有する

List Number

35

相手の友達とどう付き合えばいいのかわからなかった

パートナーの友人との付き合いというのは、結婚直後から数年間はその距離感がわからず結構悩む人もいるテーマです。

お互い社公的であれば問題ないですが、中には社交的な旦那さんと、内向的な奥さんという組み合わせもあるでしょう。社交性というのは個性にすぎませんから、相手を連れ回したり、仲良くなることを強要することは避けるべきです。それが意外とパートナーのストレスになっていることも、先人の後悔から浮かび上がっています。

終電を乗り過ごして、家に友人や後輩を突然連れてきたりすれば、よほど社交的で世話好きな奥さんならともかく、かなりの気遣いと負担をさせるということは、男性はあまり意識していません。

また、学生時代や職場での同僚たちとパーティーやバーベキューをしたり、小旅行を楽しんだりといったこともあるでしょう。そうした人間関係がパートナーにとっても心地良いものであればいいのですが、**相手がどう思っているかを配慮できずにいると、過度なストレスをかけ続けることになります**。

自分だけが新参者で他の人には共通の話題があると、それだけで疎外感というか気後れしてしまう人だっていますし、友人の中に、ちょっと図々しかったり、気遣いのない人がいると、パートナーは戸惑ってしまいます。

相手も自分の友人とは仲良くしたいと思っているでしょうが、気遣いのない友人が自分と特に仲が良い人だったりすると、なかなか言えずに、毎回うんざりしながら集まりに参加しているということもあります。

自分の友人であれば、何かあっても自分の意志で距離を置くこともできますし、態度や言葉で思いを伝えることもできます。

しかし、パートナーの友人が自分の友人になっていない段階では、どういう距離感で付き合っていいかもわからないのです。

「自分の友人ともうまくやってほしい」というのは誰もが望むことでしょうが、やはり合わない場合もありますから、それを強要するのは相手にとってストレス以外の何ものでもありません。

パートナーが「自分の友人と付き合えるか」というのは、**自分がどうサポートするかに**

よるのです。社交的ではない人に無理矢理付き合ってもらおうとしても、それはあまりに酷な話でしょう。

パートナーに自分の友達とうまくやってもらうためには、あなたが仲間たちに自然に受け入れてもらうように会話を工夫したり、気の合いそうな友人に事前に会ってもらってから、みんなの中に連れて行くといった段取りもまた必要です。

パートナーの味方はあなただけということを、忘れないようにしてください。

夫婦は「二人でひとつ」という大前提に立てば、なぜ自分の仲間と仲良くしてくれないのかではなく、パートナーが楽しんでくれる集まりはどういうものか、という発想で考えることが必要です。

また、その上で、仲間の集まりなどには、「来る?」と聞いて、「いや、ちょっと」とか「どうしようかな」などと言う場合は、決して無理に連れ回さないことも大切です。

実は、仲間が苦手というわけではなく、毎週のように連れ回されることで疲れていたり、二人の時間が取れないことに不満を持っている場合もありますので、パートナーの気持ちを最優先していけば、ちゃんと本音は聞けるものです。

夫婦は「二人でひとつ」。自分が唯一の味方であることを知る

List Number

36

お互いの健康について管理すればよかった

知人の生命保険のアクチュアリー（数理計算人）に聞いた話ですが、三〇代の男性が六五歳の定年まで生きられる確率は八八％から九〇％程度だということです。

平均寿命が示すとおり女性の確率はもっと高くなりますが、これは三〇代男性の約一割が定年を待たずに亡くなっているということを表しています。

私の周りでも、学校の同級生や会社の先輩の中で、三〇代、四〇代で亡くなっている人が数人はいます。

先日、うつ病からネクタイで首を吊ってしまった知人の告別式に列席して、まだ小学生の娘二人が気丈に振る舞っているのを見て、もらい泣きをしてしまいました。

故人はまさに厄年、四二歳という年齢で逝ってしまったのですが、故人の子供のころの思い出のほうが濃かった私にとっては、「闘病の末、主人は病に負けてしまった」という奥様の挨拶が、よりいっそう病気への憎悪をかきたてました。

彼同様、実は私も父を四二歳の厄年に亡くしていることから、決して他人事ではないのです。彼の娘二人がその後どういう人生を歩むかはわかりませんが、父のいない人生という運命を引き受けざるを得ない娘さんたちの姿に、小学六年生だったかつての私の姿が重なりました。

病というものは、本人以外に家族を不幸のどん底へたたき落としてしまうものです。子供がいればなおさらで、結婚したことによって、**命の重さは本人だけの問題ではなくなるのです**。

病気にかかれば、当然その後の人生プランそのものが変更されますし、**それによってパートナーや子供の人生プランまで変えてしまいます**。定年後、夫婦でやろうと話していたことも、旦那さんが定年前に亡くなってしまえば、残された奥さんの楽しみも同時に奪ってしまいます。

もちろん、病気になれば本人が一番つらいものですし、これまでの生活習慣を心底悔やむと思いますが、**結婚した時点で病気は自己責任だけの問題ではなくなるのです**。

癌の場合でも、予兆があったのにもかかわらず、そのままにしていて気づいたときには手遅れという人と、早期に発見、摘出手術によって今ではピンピンしているという人の違いがよくあります。

もちろん、パートナーのことを考えて本人が定期検診を受けたり、健康管理をすることが何よりですが、お互いがチェック機能となって、お互いの健康管理をするというのも大切なことです。

相手からすれば煩わしく思われることもあるかもしれませんが、結婚とは「二人でひとつ」のものなのです。**パートナーが苦しむことは自分にも必ずしわ寄せがきます。**

健康はすべての土台となりますので、二人で人生のプロジェクトを運営している限りは、食事の管理やお酒、タバコ、運動、成人病の予防などについて一緒に考える習慣を持つことをお勧めします。

一人だとつい面倒に思えたり、忙しいとどうしても後回しになってしまいますが、そういうときこそ、もっとも身近な人間がサポートするべきです。

精神面においても、常にお互いが最高の応援団になることが最良の薬だと、先人たちも話しています。

夫婦とは、お互いにとっての唯一の味方です。相手が精神的にまいっているようなときは、善悪や正しい、正しくないは一切関係ありません。**夫婦が助け合うためには、とにか**

く励まし合うこと、相手を肯定し続けることが重要です。

つい「それは君の考えが間違っているよ」などと言ってしまいそうになるかもしれませんが、お互いの最高のサポーターであるということを理解している夫婦は、決してそういう考え方はしないのです。

家庭がお互いにとってのリフレッシュ装置になるためには、**お互いが肯定し合える関係をつくること**、それが健全な精神を保ち続ける秘訣です。

健康診断を受け、お互いが肯定し合う応援団となる

List Number

37

浮気をしなければよかった

後悔するなら浮気なんかしなければいいのに、とは誰でもが思うことですが、出来心、性分、反動など、浮気にまつわる後悔は本当に後を絶たないものです。

かつて浮気は男の甲斐性なんて時代もありましたが、平成の世にあっては旦那さんも奥さんも浮気の代償は計り知れないということを覚悟しておかなくてはなりません。

不思議なもので、浮気というのは、**本人は隠しているつもりでも、周りはみんな知っていることが多いものです**。子供でも町内のそうした情報は耳に入るもので、「○○君のお父さんにはアイジンがいるんだよ」などと子供から数えられるほどです。

会社でも、○○さんと××さんは浮気をしているらしいという情報は、どこから漏れるのかわかりませんが、知らぬは当人だけというくらい、実は知られています。

私自身も子供のときから、世の中にはずいぶんと浮気というものが氾濫しているんだなと思っていましたが、その代償をまざまざと実感したのは、二〇歳を過ぎて結婚した後でした。

知人だったO君の奥さんが、彼の浮気を苦にして首吊り自殺をしたのです。

以来、O君は仕事も辞めて行方をくらましてしまって、親友だったクラスメートが携帯に電話をかけても、電話を取ることはなくなりました。O君は浮気の代償に奥さんを死に追いやっただけではなく、それまでの人間関係のすべてを失ってしまったのです。

O君の奥さんがどれだけ彼のことを愛していたのか、別の友人から聞く機会がありましたが、O君の後悔たるや察するに余りあります。

逆に、奥さんの浮気が原因で離婚にいたった夫婦も世の中には少なくありませんし、身近でカウントしても一件や二件ではありません。こちらは浮気というより本気で、場合によっては浮気より始末が悪いという向きもあります。


いずれにしろ、こうした実例を見聞きするにつけ、人の浮気に対するモラルというのは千差万別で、モラルの異なる相手と結婚してしまうと、その後とんでもない人生を背負うことになるのだと実感しています。

浮気はその経緯がどうであれ、裏切る側と裏切られる側ができて、なおかつ関係者を巻き込むので、深入りすればするほどややこしくなるものです。火遊びという「遊び」の感覚が少しでもあるなら、ロクなことにはならないというのは経験者たちが残した教訓です。

社内での不倫などは、最終的に発覚して男性が左遷させられるなんていうのは日常茶飯事ですから、**とにかくよほどの覚悟がなければしないということと、浮気は必ずバレるということは、知っておいたほうが懸命です**。

恋愛なら離婚して自由になってからいくらでもすればいい話で、不倫というのはほとんどがドロドロの関係となって、仕事面でもこれ以上はないマイナスになるので、一時の感情に流されないことが肝心です。

余談ですが、不倫経験者が不倫関係に陥りそうな人を必死で止めようとする場面に同席したことがあるのですが、どうしても我慢できないなら風俗に行っても、不倫だけは絶対にダメだとさまざまな例を出して、強く戒めていた言葉に妙に説得力がありました。

なお最後に、先人たちの教えの一つでもあり、実は私も実践させられた、浮気抑制法を一つご紹介しておきます。

それは「**立ち会い出産**」です。

立ち会い出産をすると夫の浮気が激減するらしいのです。実は、最初にその話を聞いたときは断っていたのですが、知らぬ間に妻が立ち会い出産を勝手に申し込んでいました。

陣痛が始まり分娩室に入るための着替えを促され、助産婦さんに立ち会い出産を申し込んでいない旨を話したのですが、「いえ、申し込まれていますけど」と返されてしまい、なぜか息子とともに下の子の出産に立ち会うことになったのです。

その効果は推して知るべしということですが、生まれたばかりの娘がずっしり重かった感触が今でもこの腕に残っていますし、呼びかけた息子の声にすぐに反応した生まれたての赤ん坊に生命の神秘を感じざるを得ませんでした。

妻の術中にはまってしまったようで多少癪ではありますが、立ち会い出産というのは、そういう意味では本当に魔法かもしれませんので、これから出産を迎える方には試す価値はあると思います。

知らぬは本人だけ、いつかバレる。その代償が半端ではないことを知っておく

List Number

38

セックスレスになってしまった

ビジネス書で、セックスをテーマにするのは少し違和感があるかもしれませんが、結婚の後悔ネタとして「セックスレス」は外せません。それどころか、離婚にいたる原因のかなりの比重を占めていることは、多くの方もすでにご存知のところだと思います。

離婚の原因の一位は「性格の不一致」とされていますが、そもそも性格が一致することなどあり得ないので、**その遠因の一つに「性の不一致」があげられています**。

なかなか表に出てこない本音ですが、やはり心と体は一体のものですので、性の不一致を後悔する人は既婚者にも膨大な数がいることは事実です。

近年、セックスレスは社会問題のように新聞や雑誌でも取り上げられていますが、二〇一〇年に厚生労働省の援助を受けて行われた「男女の生活と意識に関する調査」によれば、セックスレスの夫婦の数は年々増え続け、二〇一〇年では四〇・八％となっています。

つまり、半分近い夫婦が実態としてはセックスレスになっているわけです。

セックスしない理由としては、一位が「出産後何となく」、二位が「面倒くさい」、三位が「仕事で疲れている」です。

一位の出産後にしなくなるというのはよくいわれることで、諸先輩の言葉では、「そもそも住宅事情から子供と川の字になって寝ているのでそんなムードになれない」とか「家族になってしまっているので、とてもそんな気になれない」というものです。

夫婦の関係が恋人の関係ではなく、家族の関係となることで、**夫婦間のセックスが「近親相姦」のような感覚になってしまうわけです**。

さらに子供がいれば、愛情の大部分は子供との密接な関係で満たされてしまい、これはほとんど疑似恋愛で、精神的に満たされてしまうようです。セックスなんてしなくたって、十分に満たされているし、幸せと感じてしまっているのです。

二位と三位の理由については、完全に家事全般における問題と同じです。それなりに気持ちはあっても、面倒や仕事の疲れのほうが勝ってしまえば、いつの間にかしなくなってしまいます。

さらに、昨今の「草食系ブーム」も相まって、特に淡泊な男性が増えていることから、あまりしたいという欲求が生まれにくいというのもあるようです。

しかし、お互いが同じ感覚ならば問題は大きくならないかもしれませんが、性の不一致が生まれるのは、男性が極端に淡泊で、相手が逆の場合、しかも何か共通の絆になるようなものがないときは、離婚を選択するケースが少なくありません。

また、男性側はその気でも、子供の有無にかかわらず女性が拒否するケースも多く、結婚後や出産後になくなっていくと、その反動から男性の浮気へ発展して最終的には離婚にいたるという事例も頻繁に見かけます。

しかし、こうした後悔へとつながらないために、いかにセックスレスを解消するかというのは非常に難しく、なかなか解決策を簡単には出せません。

先人たちに話を聞いても、草食系の旦那さんを肉食系に変えようとする、奥さんの必死な努力はほとんどが徒労に終わりますし、奥さんにその気になってもらおうと、環境を変えて旅先や温泉で……というのもほとんど効果がなかったそうです。

一方で、イギリスの避妊具メーカーＤｕｒｅｘ社の二〇〇五年の調査によれば、日本人夫婦のセックスの年間平均回数は四五回、満足度は二四％と、世界でも群を抜いて世界最低（満足度は中国の二二％が世界最低）となっています。

西欧諸国と比べると、アジア諸国は基本的に回数は少ないというデータがありますが、満足度においては、それほど大きな違いはありません。

なぜ、日本だけがここまで極端に低い満足度なのかはわかりませんが、もしかすると、民族的、文化的な背景がかなりあるのかもしれません。

しかし、同アンケートのセックス観を見ると、日本人はセックスに対して「他の国よりこだわりが強く」「パートナーにもしたいことが言えず」「性に関する変わった趣向を試す意欲もなく」その結果、**「単調なセックスを繰り返して不満を持っている」**というデータも出ています。

性風俗店の数やその種類を考えれば、夫婦間のセックスの回数とは裏腹に世界一の欲望を誇る日本ですが、こうした現象を考えると、必ずしも草食系という言葉で片づけるのは無理があるように感じます。

日本人がセックスレスの問題を乗り越えるには、**やはり家庭内でお互いが本音で語り合い、お互いを深く知り、その欲望も受け入れるというコミュニケーション**を取ることが何より大切なのかもしれません。

単調になりがちな日常の中で、心と体のバランスを保つためには、相手に自分を伝え、受け入れてもらうという、性のベクトル合わせもまた必要なのです。

相手を深く知り、受け入れ、単調にならないようにする

第5章

「お互いの家族」と上手に付き合うために必要なこと

List Number

39

相手の両親とうまく付き合えなかった

結婚後に義理の父や母の言動にストレスを抱え、我慢できずに離婚してしまった夫婦は後を絶ちません。

結婚前は、結婚は当人同士の問題だから……なんて言っていた人も、結婚したとたんに**家族の問題であることを痛いほど実感するようになります**。

まさに結婚が相性や愛情だけでは対処できない問題であることを、このときほど感じることはないでしょう。

言うまでもなく、当人をどうしようもなくイラ立たせるのは、それが愛する相手の親だからであり、強く言うこともできず、反発すれば角が立ち逆効果、受け流していても文句を言われと、逃げても逃げても追ってくるような災難で、**効果的な対処法がそう簡単には見つからないからです**。

また、本当はうまくやっていきたいという思いがあるからこそ、相手の両親に対する攻撃的な気持ちに自己嫌悪を覚え、ますますストレスが溜まります。

一度そういう関係ができてしまうと、サンドバッグのように精神的に打たれ続けていくことになり、もはや苦痛以外の何ものでもありません。

さらに、この問題は男女ともに起こることであり、義理親の社会的地位や知的能力ともまったく関係がないため、事前に予測することができないことも悲劇です。

例えば、知人のTさんも、旦那さんの母親とそりが合わずに離婚した一人です。

比較的放任主義で育ったTさんは、結婚直後から頻繁に義母から連絡がくることを少し気にしていましたが、子供を出産すると、次第に毎日の電話は「今度送るから」「今日送るから」「今送った」「届いた？」へとエスカレートしたそうです。

帰省するのがストレスになって、夫の実家に寄り付かなくなると、「孫は私の生きがいなのに」という電話がくるという始末。

そんな折りに義父が他界して、ついに義母と同居することになると、家事には文句を言われ、「そんなことじゃ、孫の将来が不安だ」というセリフを言われ続け、もう限界ということで離婚を決めたそうです。

義母とのトラブルは、嫁姑だけではありません。

Wさんも、奥さんの母親とソリが合わずに離婚してしまった一人ですが、家を買うときに奥さんの実家に援助してもらったほうがより大きな家に住むことができるという理由で悩んだ末、義母と同居する選択をしました。

共働きでしたので、育児のことを考えると「ばあば」は貴重な戦力で、そういう意味ではそれぞれが助け合いながらうまくやっていこうという方向性を共有していました。

しかし、義母は少し口うるさいところもあって、徐々にほころびが出始めたといいます。ある日、Wさんの後にお風呂に入ったお母さんが「おかしいわね、ちゃんとみんな体を洗ってからお風呂に入っているはずなのに、なんで湯船に垢が浮いているのかしら」と、聞こえよがしに言うのだそうです。

腕枕でテレビを観ていたWさんは、これまた聞こえよがしに舌打ちを返したといいますから、これではまるで冷戦のようです。

そんな事態がしばらく続き、夫婦関係もギスギスし出して、Wさんは同居を心底後悔しながら離婚してしまいました。


どうしてもうまくいかない相手の両親との付き合いに、対処療法的な解決策は見つかりません。毎日、義母から連絡のくるTさんは、子供の写真を毎日送るようにしていたといいますし、Wさんもお風呂につかるときは、できるだけ垢に気をつけたり、嫌みにならない程度に義母との接点を少なくしていたと言います。

しかし、どうしてもギスギスした関係は解消されませんでしたし、逆にどんどん精神的にはまいっていき、鬱状態になっていったそうです。

先人たちのあの手この手の解消法が惨敗に終わるのを見聞きしてきた中で、この状態を根本的に解決する方法は二つしかないと思います。

それは、一つは「**別居**」することです。同居している人でどうしてもうまくいかない場合は、物理的に距離を置くしかありません。自分のモノの見方を変えるとか、相手の意見を極力受け入れるといったことを必死に実践している人でも、結果的にうまくいかないことを考えれば、やはり最後は強引に解消するしかないのです。

もう一つは、**妻であれば夫を、夫であれば妻を味方にするということです**。

結婚によって、誰よりも相手を優先するという社会契約をしているのですから、本来なら相手は誰よりも自分の味方でなければなりません。

どうしても親の言動に納得がいかないときは、相手にその理解を促し、しっかりと言ってもらうしか解決策はありません。

それができないから苦しんでいるんだという声も聞こえてきそうですが、**相手の親を変えることを自分では絶対にできないのです**。

相手に自分の苦痛を丁寧に話し、どちらが正しいかではなく、自分に味方をしてもらうように説得することでしか、残念ながら先人たちも解決できていません。


なお、相手の親とうまくいっている夫婦というのは、**実は実家で相手のことを褒める人が多いというのも共通しています**。いかに自分の旦那は立派か、いかに自分の妻は素晴らしいかを何度も自分の親にアピールしているのです。

一方で、うまくいかない夫婦は、親に相手の不満を言っている人です。そうすることで、親も相手に対して攻撃的になってくるのです。

義理親とうまくいくかいかないかという問題は、相性も多少関係はしますが、それ以上に**相手が結婚をどうマネジメントしているか**ということに大きく左右されてもいくのです。

「別居する」か、理解を促して「相手を味方につける」

List Number

40

やっぱり相手の親と同居しなければよかった

前項でも見たように、相手の両親との付き合いというのは、解決するのが極めて難しい問題です。

最終的には「別居」か「相手を味方につける」という方法しかありません。

結婚相手は選べても、相手の親は選べないものであり、相手と歩み寄ることが結婚の醍醐味であっても、義父母と歩み寄るのは現実的にはかなり難しいと言わざるを得ません。

どれだけこちらが近づいても、人は高齢になればなるほど頑固になっていくものですし、立場が違うということもあって、有効な手だては簡単には見つからないでしょう。

しかし、それでも、現実的に相手の親と同居を選ばざるを得ない状況というのはあります。また、事前に相手の親との相性は確かめていたけど、やっぱり生活する中で、想像していなかったストレスが溜まるということはあるはずです。

例えば、姑さんはすごく良い人で、「気にしないでね」と言いながら、料理、洗濯、掃除などの家事全般をやられてしまい、非常に居心地が悪いというものです。

善意でやってくれているのはわかるけど、やはり妻としては料理もつくれず、台所も満足に使えず、自分の下着まで洗われて、夫婦の部屋まで掃除をされる状況というのは、さすがに快適な日常生活とは言えないでしょう。

使いたい洗剤も使えず、洗濯物がたまると言われてバスタオルも使えずフェイスタオルを使い、洗濯機も親の好みで二層式を使わざるを得ないなど、細かいところで不満も鬱積していきます。

こういう違いが目につくと、どんなに姑の性格が良くても、少しがさつなところが鼻につくようになったり、だらしがない格好が気に食わなくなったりと、**いつの間にかこちら側も相手のあら探しをするようになり、徐々に戦闘モードへと変わってきてしまうのです。**

日常の小さな積み重ねが人生ですから、こうしたストレスを感じながら生活をするというのは、実際のところかなりこたえるはずです。

テレビドラマで見るような露骨な嫁いびりをするような姑は少なくなってきているはずですが、このように取り立てて言うほどではないけど、習慣の違いや居心地の悪さから、精神的にどんどんまいっていく人がいます。

そのため、わかっていたのに、やっぱり同居はダメだったと後悔する人が多いのです。

結婚前の人や同居話があがっている人は、こういう現実があることをしっかりと認識した上で同居するかどうかを決めることをお勧めしますが、では、それでも同居せざるを得ないという人は何に注意しておくべきなのでしょうか。

多大なるストレスを抱えて後悔しているという先人たちは、**義理の親に対して、「言いたくても言えない」という不満を常に抱えています**。

はっきり言えば角が立って、この後一緒にやっていけなくなるという不安や、義理の親が良い人であるがゆえに、細かいことを理由にいちいち文句を言えなくなっているというのがほとんどです。

しかし、**言わない限りやっぱり解決策はなかったという後悔も多いのです**。

言わないと、料理や洗濯、掃除をしてもらっているのが実はうれしいと思われていることもあるそうです。

もちろん、言ったことで揉めることもあるかもしれませんが、はっきりと自分たちがどうしたいかを言わない限りは何も始まりません。とにかくパートナーを味方につけて、自分たちのやり方を主張することが大切です。

同居というのは、相手の実家に居候するという状況を決してつくってはいけません。**自**

分たちの家庭に親が同居するという状況にしないといけないのです。そのことをパートナーに理解してもらうことが何より重要です。

お袋の味も良いものですが、家庭をつくるということは、**「自分たちの味」をつくるということでもあります。**いくら大切な親であっても、親が中心になってしまったり、親の生活スタイルを踏襲するのでは、家庭を創造することは絶対にできません。

夫婦で「家庭の創造」について共有しつつ、どうしてもそのままでの実現が難しいとなれば、二世帯住宅でもトイレ、お風呂、台所、洗濯機などは別々にするなど、家事や日常生活にかかわる生活道具は分けるしかありません。

新しい家庭をつくろうと決心した限りは、新しい夫婦のルールを決めることがもっとも大切なことであって、これまでのルールに従っていてはうまくいかないと、同居生活に成功している夫婦は言っています。

新しいルールを決める。生活道具は必ず二つに分ける

嫁姑を代表例に、義理親との付き合いにおいても、相性だけでは乗り越えられない壁がたくさんあります。相手がどんなに性格の良い人でも、毎日の生活の中では食い違いが必ず出てくるので、自分たちのルールを優先させるようにしましょう。

List Number

41

相手の兄弟姉妹とどう付き合えばいいのかわからなかった

相手の両親もさることながら、中には義理の兄弟姉妹との付き合い方がわからなかったと後悔の念を持っている人もいます。

これが友達や職場の同僚であれば、なんとなく気が合ったり、ウマが合う人との人間関係が中心になり、ソリが合わない人とは形式的で差し障りのない付き合いになるのが普通ですが、義兄弟となると自分の意思で選ぶことができませんし、苦手だからといってないがしろにするわけにもいきません。

実際のところ、義兄弟との付き合いがどうであれ、平常時には支障をきたすことはほとんどありませんが、親の入院、介護、はたまた相続といった非日常時になると一気に問題が噴出するといった性格を持っています。

また、子供を預けることを日常化されたり、子供の学費を無心されたり、気軽に何かを借りにきては返さないといった常識感のズレに違和感を持っている人というのは少なからずいるものです。

自分の兄弟であればキッパリと断れることでも、義兄弟となるとそうもいきません。

パートナーの兄弟がどれくらい仲が良いかにもよりますが、関係が淡泊だと、それこそ冠婚葬祭くらいしか顔を合わせる機会がなくなってしまうというのが現実です。

一方、逆にパートナーの兄弟が仲が良いと、付き合いも日常化するだけに、配偶者としてはなんらかの違和感を持ったり、どういうスタンスで臨んだらいいのかわからなくなったりすることも増えてきます。

特に、不満の多くは「子供」が絡んでくるときです。

子供の教育に口を挟んできたり、子供同士を比較したりといった、子供を共通点にして、義兄弟夫婦が我が家の方針に口を出してきて、それにストレスを感じるということが、たびたび起こります。

また、「兄の子は○○学校に入ったのに、うちの子ときたら……」と、義兄弟の子供と自分たちの子供を比較したり、「姉は、子供を叱らないのが一番自尊心を伸ばせると言っていたけど……」と、子育てのやり方について義兄弟のやり方をそのまま我が家に反映させようとして揉めるというケースもあります。

義兄弟は、年齢的にも近いということもあり、何かと比較の対象になりがちですが、無《む》碍《げ》に批判はできませんし、近くに住んでいたりすればなおさら距離感が難しいものです。

もちろん、良いと思ったことはどんどん取り入れるべきでしょうが、忘れてはいけないのが、**義兄弟はその責任を取らないということです**。子育ては、自分たちの生き方や哲学の延長でやるべきであって、それを他人に任せてはいけません。

先人たちのアドバイスとしては、どれだけ仲が良くても、**一定の距離感は大切だということです**。夫婦というのは二人のプロジェクトですから、周りに協力を仰いだとしても、運営していく上での重要な決断を他人に決してゆだねてはいけないのです。

相手にとっては大切な兄弟姉妹ですから、今後も一生付き合い続けるものですが、ある程度の距離感を持つためには、「**三無主義**」をお勧めします。

それは、「**相手に合わせない**」「**無理しない**」「**振り回されない**」という三つの基本スタンスです。

結婚生活の中心は自分たち夫婦なので、義兄弟に合わせる必要はありません。義兄弟の中でも一番年下だったりすると、時に何かを押し付けられたり、一方的なルールを主張されてギスギスすることもあるようですが、ここは受け入れる必要はありません。

基本原則は、自分の家庭のことは夫婦で決めて、義兄弟の家庭のことにも干渉しない。

その代わり、何か義兄弟の家族のお世話になることがあるなら、そのときは相手に合わせるというスタンスが必要です。

無理も禁物です。できないことはできない、気の進まないことは角が立たないように言い方を工夫して断ることです。兄弟間のパワーバランスでやらざるを得ないようなことになると、必ず後々苦労するので、最初に夫婦間で話し合ってルールを決めておくようにしましょう。

そして、最後は振り回されないこと。義兄弟は口を挟みますが責任は取りません。何となく言われたからやってしまうというスタンスだと最終的には振り回されますので、惑わされずに、常に自分たち夫婦の意見を持つようにします。

家族という事業の「経営者」は自分たち夫婦なので、兄弟姉妹の考え方や判断というのは、あくまで相談役か、その他ステークホルダーの意見にすぎないのです。

経営する上では、周りの意見を広く聞くことも大切ですが、**常に決断するのは責任を持ち得る経営者自身なのです。**

経営者は自分たち夫婦という意識を持って「三無主義」を貫く

List Number

42

育った環境の違いをもっと知ればよかった

結婚後、相手と濃密に向さ合うことになると、価値観の違いというのが浮き彫りになってきます。

こうした価値観の違いをいかに受け入れ、自分の中に取り込んでいくかというのが結婚の醍醐味ですが、結婚前ではあまり意識しないけど、結婚後、特に考えざるを得ないことに、相手の育った環境の違いという問題があります。

結婚とは日常生活そのものですから、どうしても相手の考え方の根っこに、**相手の親の価値観**というのが、本人が意識するしないとは関係なく表れてくるのです。

「4　相手の価値観をもっと理解すればよかった」で、結婚後にわかる育ちの違いに触れ、裕福な家に育ったHさんと商店街の飲食店で育った旦那さんという夫婦をご紹介しました。

生活レベルが違うと苦労するとHさんは母親から言われたそうですが、ルーツや育った環境の違いは、考え方から何気ない習慣まで、日常生活のいたるところで齟齬を生み出します。

家がサラリーマンだったか自営業者だったかという親の職業や社会的地位、学歴、出身地などの違いも、実は夫婦間のズレの大きな原因になっています。

「東男に京女」ではありませんが、関東生まれと関西生まれ、あるいは東北生まれ、九州生まれといった違いで、方言やお雑煮の味つけだけでなく、**家族という枠組みの考え方から、夫とは妻とはどうあるべきか、という理想像まで大きく異なります**。

だいたい関東と関西では、他人との心地良い距離感からしてかなり違います。関東に生まれ育った人は関西出身の人の距離感を「近すぎる」とか「なれなれしい」と感じて、そのことが相手だけでなく、その家族、親戚、友人との付き合いでズレを生み出すことは少なくありません。

また、亭主関白の家庭で育てば、父が家長として家庭を引っ張っていくのは当然だという責任感を持つ一方で、家事は男の仕事ではないという先入観を持ちやすいことも事実です。

逆に、父親が母親の尻に敷かれっぱなしの家庭で育った人は、家庭を上手にマネジメントするには女性が主導権を握ることが大切で、そのバランス関係をつくり出すことが夫婦円満の秘訣という意識がすり込まれていたりします。

もちろん、これはすべての人に当てはまるわけではありませんし、そうした家庭に育ったからこそ逆の家庭をつくろうとする人もいますが、いずれにしろ、**人は自分が育った家庭環境を唯一のモデルに自分の家庭をつくろうとしているのです**。

昔から結婚前には相手の親を見ろといわれますが、それは本人の人格とは別に、参考にする家庭が自分の育った家庭にならざるを得ないということも意味しています。

相手の価値観や考え方の違いから離婚してしまった人は、別れた後、冷静になってみると、相手の良いところにも気づいて、もう少し育った環境やルーツを意識すればよかったと後悔しています。

もちろん、ルーツを知ったところで解決策が見つからなければ意味はないのですが、感情的に反応するのではなく、もっと根っこの部分を知っていれば、修正主義でお互いが歩み寄れたという後悔です。

育ちは相手の人格を形づくっているルーツですから、**その背景を知ることによって齟齬はかなり解消されるのです**。

比較的よく表れる育ちの違いに、「自立心」や「個性」を大切にして自由奔放に育てられた人と、「共生」や「保護」を前提にゆるやかな依存関係で育ってきた人の齟齬があります。

特に子供ができると、育て方についてよくぶつかるものですが、夫婦の日常生活においても、買い物などでそうした違いがよく表れるようです。

例えば、夫婦で買い物をしていても、一緒に選んだりするのが好きな人は共生という意識の強い家庭で育った人が多いですし、自分の買い物が終わるとさっさと帰りたくなる人は、「自分は自分、人は人」という家庭で育った人が多いのです。

どちらが良いというわけではありませんが、お互いにとっては「自己中心的」「わがまま」だったり「自分で判断できない」「時間がムダ」に映ってしまいます。

そうなったときに、自分の意に沿わないという気持ちや感情を相手にぶつけても、事態は解決するどころか、逆に「お前だって……」という泥仕合に展開するのがオチです。

不思議なもので、私たちは相手の好きなところより「嫌なところ」、共通点より「相違点」に目がいきがちです。

夫婦間をうまくマネジメントするには、嫌なところや相違点をあげるのではなく、**好きなところや共通点に目を向けることが大切だと、先人たちも振り返っています。**

心理学用語で、心が通じ合った状態を「**ラポール**」といいますが、これは営業の世界でも営業マンとお客様との関係を指す上で使われます。ラポールとは、フランス語で「橋をかける」という意味です。

新規の営業などで、まずはお客様との共通の話題を振って、そこで自分を受け入れてもらえる状態をつくってから本題に持ち込むといったテクニックですが、ここでも相手との違いではなく、共通点に目を向けることが、初対面同士であっても、関係構築に最大の威力を発揮するのです。

初対面であっても効果があるくらいですから、夫婦間でもこの特性を利用しない手はありません。育った環境の共通点というのは、心を通じ合わせるまさに「橋」になりますので、**お互いが共通点を意識しておくことが、夫婦間の免疫力を高めることにつながります**。

お互いの違いは、育った環境の違いにも左右される分、簡単には乗り越えられませんが、まずは感情的にならず、そのルーツの違いを意識しながら、共通点や好きなところに目を向けることが効果的です。

まずは「共通点」で橋をかけ、その相手を受け入れる状態になれば「違い」も受け入れやすくなるのです。

「ラポール」の手法を応用して、違いより「共通点」に目を向ける

List Number

43

自分の育った環境や習慣を相手に押し付けてしまった

結婚後も自分の育った環境や習慣、考え方のままで生活できれば、こんな快適なことはないでしょうが、それは相手に自分流のやり方を押し付けているだけですから、強いられている側にとってはストレス以外の何物でもありません。

前項では違いに目を向けるのではなく、「共通点」から心を通わせる「ラポール」の手法をご紹介しました。お互いが歩み寄るためには、大前提としてラポールの発想が重要となります。

しかし、結婚マネジメントにおいて理想とするべき状況は、自分の考え方や相手の考え方のどちらかを採用するということではなく、共通項だけで家庭をやり繰りするということでもなく、**夫婦における新しい価値観を「創造」するということです**。

序章で、「結婚とは創作行為である」と述べましたが、これは夫婦というまったく違う人間同士が一緒になることで、お互いの考え方を、対話を通して新しい価値観へと生まれ変わらせるということです。

例えば、Dさん夫婦は、朝食に何を食べるかで揉めていました。旦那さんはごはん派、奥さんはパン派です。これは育った環境にも影響を受けており、議論は平行線をたどりました。

どっちが健康に良いとか、一日のスタートはこっちのほうが活力が出るなど、いろいろな意見が出ましたが、結局は好みの問題です。ただ、二人とも「朝食はしっかり食べる」という共通点を持っていました。まずは、ラポールによって橋をかけることはできたのです。

そこで、Dさん夫婦は話し合って、平日はパンで、休日はごはんというルールを決めました。そして、平日でも旦那さんがつくれるなら、ごはんでも構わないという例外のルールもつくったのです。

つまり、Dさん夫婦にはパンかごはんかという二択ではなく、どちらかの習慣や好みを押し付けるという解決策でもなく、**お互いが納得できる新しいルールを「創造」したのです。**

朝食をパンにするかごはんにするかのケンカで離婚する夫婦は少ないでしょうが、夫婦間の違いはこのように、新しいルールを「創造」することで乗り越える必要があります。

自分の習慣や考え方を相手に押し付けるのはよくないとわかっていても、すべて相手の習慣に合わせるわけにもいきませんので、夫婦間ではこうした「**創作場面**」がよくあります。

これこそ結婚生活のマネジメントです。

まったく異なる環境に育った二人が、偶然出会い、愛し合って、お互いを選び、家庭をつくっていくのが結婚です。家庭はつくっていくものであって、**自分のやり方を押し付けるのでもなく、相手に合わせることでもありません**。

結婚前は異なる習慣だったとしても、結婚後は別な色が混じり合うように、自分たちの家族の色で彩っていこうとする意識が何より大切なのです。

夫婦間では日常生活の中で、さまざまな習慣による違いが目につきます。

朝型か夜型か、風呂は長いかシャワー派か、目玉焼きにかけるのはソースかしょうゆか、母の日にプレゼントするのかしないのか、時間厳守かルーズか、休日は家でのんびり過ごすか外でアクティブに過ごすか、リゾートに行ったら遊ぶのかまったりするのかなど、何百もの習慣や好みによる違いがあるでしょう。

それをどちらかに押し付けたり、どちらが正しいかという基準で考えると、夫婦間はどんどんギスギスしていくので、**その都度、新しい夫婦の習慣につくり変えていく**というのが、成功者の弁です。

さらに、夫婦が協力して創作行為をしていくためには、お互いが何かを決めて行く上での基本姿勢を共有することが大切です。

会社でも、チーム間の情報や考え方のずれを調整するために「報・連・相」が行われていますが、ある先輩から結婚マネジメントは「**対・相・共**」であると言われました。「**対話・相談・共有**」というスタンスが、押し付けをなくし、新しいルールを決めていく上で役立つのです。

「押し付けられている」という意識は、どうしても隷属感が生まれやすく、感情的な反発を引き起こしますが、常に「対話」「相談」のスタイルで話し合いをして、お互いが納得いく形で新しいルールを「共有」できれば、お互いが気持ちよくそのやり方を実行できるものです。

家庭は創造するもの。「対・相・共」で自分たちだけのルールをつくる

List Number

44

相手を自分の父や母と比較してしまった

「比較」というのはもっとも典型的な認知パターンですから、私たちは物心ついたときからついつい誰かと比較したり、何かと比較したりして、そのギャップを認識しようとしてきました。

もちろん、良い手本や見本と比較して自分を良い方向へ持っていこうとする試みは、自分の置かれている現状を正しく把握することにもなりますので、企業内でもベンチマーキングの手法は広く取り入れられています。

しかし、こと夫婦生活や家庭において、比較は百害あって一利なしです。

そもそも夫婦生活とは、誰かと比較して優劣を決めるものではなく、**世界でただ一つの自分たちの家庭をつくろうとするものです**。

幸せとは人それぞれであり、結婚生活のゴールは幸せですから、比較によって生まれるものではないのです。

この比較の悪影響がもっとも出るのが、相手を自分の親と比べることだというのは、多くの先人が後悔している通りです。

学歴、勤務先、役職、年収、資産、性格、人生観、長所、短所、趣味にいたるまで、自分の親と相手を比較する人は結構多いものです。

もちろん、参考にするモデルが自分の家族しかないわけですから、仕方のないところもあるのですが、それを相手に求めるのは悪い結果しかもたらしません。

本人は相手を鼓舞するつもりで「父ならもっと素早く決断していた」「母ならもっと気がきく」と言ったとしても、相手にとっては、自分自身を見てくれていないと感じて嫌な気分になるものです。

後悔している先人たちも、**比較は結局のところ、自分の家族を卑下する結末になったと言います**。

相手を自分の親や兄弟と比較するというのは、自分の物差しで相手を見ているということと変わりません。それは自分の価値観を相手に無理矢理押し付けようとしているということなのです。

結婚するとは、**夫婦の物差しを「新たにつくる」ということでもあります**。それはお互いの育った家庭の物差しとも違う、**新しい見方を生み出すということです**。

夫婦間において、「相対評価」は決してやってはいけないことなのです。相手の良いところを純粋に評価できる「**絶対評価**」で判断するクセを持つことです。

あなたの評価が相対評価であり続ける限り、相手は不満を持ち続けます。

そうでなく、相手が過去と比べてどう前進しているかという「家族の基準」を持つようにしましょう。

妻の料理が下手であっても、母の料理と比較するのは自分が育った家庭の基準でしかないのです。それよりは、昨年よりは上達しているところに意識を向けるべきです。夫の収入が低くても、夫が必死で稼いでくれていることを評価しましょう。

人生山あり谷ありですので、どんな状況でも「**自分たちの見方**」を持てる夫婦が、結果的に相手を成長させ、お互いが幸せをつかみ取っているのです。

相対評価ではなく、夫婦間での新しい物差しで「絶対評価」をする

第6章

「間違わない子育て」のために考えておくこと

List Number

45

子供の教育方針について意見が合わなかった

子育ては、結婚における第二フェーズです。

これまで「一歳危機」をはじめ、義父母との付き合いでも、育児が新たな問題を引き起こすことをご紹介してきましたが、**出産が結婚のもう一つのターニングポイントになること**は、先人の後悔からも読み取れます。

今までの夫婦間の問題に、さらに育児が加わることで、これまでのミゾがさらに開いてしまったり、逆に絆がより深まるという、**両極端の結果をもたらす分岐点なのです**。

この章では、育児から子育てへと発展していく過程で起きる、夫婦間の新たな後悔をご紹介していきましょう。

ただ、私は子育てや教育の専門家ではありませんので、どういう教育が正しいのかということは言えません。また、教育においても、これが絶対解だといえないというのは、多くの方が経験している通りです。

ここでは、子育ての是非を問うようなものではなく、子育てをしていく上での夫婦間の齟齬を解消する対処法についてご紹介していきます。

これから子供を持つ夫婦も、今子育て真っ最中の夫婦も、先人たちの後悔から、地雷のありかを知っておくことは必ず役に立つはずです。

まず、育児から子育てへと移り変わる中で、もっとも問題となるのが、大前提としての教育方針の違いです。これは、実は子供の「**叱り方**」にもっとも象徴的に表れます。

叱り方についてよくある悩みが、夫と妻の間で叱り方の基準が違っているということです。

例えば、妻は言うことを聞かない子供を必死に叱るけど、夫は「子供なんだから、そんなにガミガミ言わなくても……」という態度を取るケースです。こういうとき、子供はたいてい「私は悪くない、悪いのはママだ」という反応になります。

叱っても叱っても、子供がまったく言うことを聞かないと悩む人がいますが、その場合は、**高確率で夫婦の叱り方が違っているのだと専門家から聞いたことがあります**。親の意見が違う場合は当然、子供は自分にとって有利な意見を聞くようになるからです。

そして、妻からすれば、夫は子育てに参加していないと同じに思え、自分ばかりが悪者になっていく精神的なつらさもあって、夫婦ゲンカに発展していきます。

また、逆のケースも頻繁に起こります。夫が必死に子供を叱っても、妻からその意見を否定され侮辱されるようなことを言われると、子供は父の威厳を疑問視し、父の意見を聞かなくなるようです。こちらも、子供は親の真似をしますから、母親と父親の関係を無意識に理解しているのは当然かもしれません。

こうした夫婦の叱り方の違いがあると、子育ては常に壁にぶつかってしまい、夫婦ゲンカも頻繁に起こってしまうのです。

教育方針については、夫婦間でいろいろな意見の違いが出てくると思いますが、その根源にはこの叱り方の相違点が関係しているらしいのです。

私は教育評論家ではありませんので、子供の気持ちに与える影響や人格形成における効果的な叱り方というのはわかりませんが、一父親として、先人たちの後悔とアドバイスからなるほどと感じたのは、子供の前では決して「**夫婦の意見の相違を見せてはいけない**」ということでした。

先人たちが言うように、どちらかが言った意見をどちらかが否定すると、子供は混乱し、必ず都合のいいほうの意見を取るのは当たっているように思えます。

ですので、まず注意したいのは、**親は子供の前ではどちらかの意見を否定せず、必ず子**

供がいないところで事前に意見のすり合わせをしておく必要があるのです。

会社でも、共同経営者の言う経営理念が違っていれば、社員は分裂してしまうものです。そうならないためには、お互いがどんなに意見の違いがあったとしても、社員の前では口を揃えるでしょう。それは夫婦間でも同じです。

意見のすり合わせというのは非常に難しいものですが、どう育てたいかという内容以前に、**子供が親の言うことを聞かなくなるという状況をつくり出さない**ことがコツのようです。

教育方針というのは、「人に迷惑をかけずにいてほしい」とか「自分で人生を切り拓ける人間になってほしい」といったように、大局的には大きな違いがないものです。

しかし、そうしたビジョンを共有していても、それ以前の日常的な接し方において、お互いの態度に食い違いが生まれます。

お互いがどれだけ立派な子育て理念を持っていても、それを子供の前で批判し合っていては、その後のあらゆる議論においても実行が難しくなるのだと、子育てに失敗したと感じている先人たちから教わりました。

子供の前では夫婦間の「意見の相違」を見せない

List Number

46

受験に対する考え方が違った

前項の「叱り方」と同様に、親の教育方針の違いがはっきりと表れることに、子供の受験があります。子供の進路について真剣に考えれば考えるほど、夫婦間の意見は対立するかもしれません。

子供の受験は経済的な問題は当然ながら、塾の送り迎えから、限られた時間の中で勉強を見てあげたり、叱咤激励したりといった二人三脚型でサポートするものですから、夫婦間の意見が違っていては、後々苦労することは目に見えています。

片方だけの猛烈なサポートで受験を乗り越えたとしても、親の意見が食い違っていては、子供にとって「この受験は意味があったのだろうか」という疑問がわいてきますし、落ちてしまえば、**自己嫌悪だけではなく親への不信感へとつながるものです**。

もちろん、夫婦間でも、それがきっかけになって子供は受験に合格したけど夫婦仲はさらに悪くなったということでは本人たちにとっても、子供にとっても意味がありません。

ですので、何より夫婦間で意見の調整をすることが大切なのは当たり前なのですが、実際のところ、お互い忙しくてなかなか時間が取れなかったり、意見がぶつかって着地点が見えずに苦労している人がほとんどだと思います。

小学校の受験については、「まだ早いだろう」とか「そこまでしなくても」という感じで、比較的決着がつきますが、最近は中学受験をするかどうかで揉める夫婦が急増しています。よくある話が、教育に熱心な妻が受験させたいと望むのに対して、夫は受験より周囲との付き合いだったり、伸び伸びと自由に育つことを優先させたいという教育方針を持つという違いです。

教育熱心であるかにかかわらず、毎日仕事ばかりの夫よりは、妻のほうが子供の環境に敏感にならざるを得ないという状況もあるはずです。

周りの子の多くが受験するとなれば、いくら比較しないようにしていても、焦らない人はいないはずです。

当然、自分の育った環境にも左右されますし、自分自身が受験の成功者であったり、逆に学歴コンプレックスなどがあれば、子供には何が何でも良い学校に進学してほしいと望むのは自然な成り行きかもしれません。

受験をさせるか、させないかという問題にも正解はありません。受験の失敗が引き金になって子供が引きこもりになってしまったという人もいれば、受験には合格したけど、勉強ばかりしていて、他人との付き合い方がわからず、その後女性とも口を聞けない内向的な息子に悩む夫婦もいます。

あるいは、結局受験はさせなかったけど、周りの子を見ていると、自分の子供がどんどん頼りなく感じてきて、やっぱり無理矢理でも受験させるべきだったと後悔している人もいます。

夫婦間でも、どちらかの意見に合わせて決断したけど、「やっぱりあれは失敗だった」と嘆いていたり、受験すると決めたのに、感情的には反対だった夫がその後関わろうとしなかったという後悔もたくさんあります。

ただ、後悔している夫婦、うまくいった夫婦の意見を総合すると、後悔しない判断というのがあることもまた事実なのです。

それは、**当事者である「子供に判断させる」ということです**。

確かに、勉強以外のことに興味を持ち始めた子供の意思を尊重して、受験をしないと決めたけれど、親として残念無念だという思いを抱えている人もいます。しかし、彼らはその判断を決して後悔はしていないのです。

「教育は親の意思」という考えや、一〇歳そこらの子供に判断などできないという考えから、親が子供の人生に道筋を与えようと必死に努力していた夫婦ほど、後悔が生まれているという法則があります。

教育において、親が子供に対してある程度の誘導をすべきだというのは正しいと思いますが、やはり結果的には、本人の意思がない限りはうまくいかないことも、数多くの夫婦から聞いた「**子育ての法則**」です。

子供は確かに子供ですから、その後の人生のビジョンを持って決断はしてないでしょうし、その意思が自分の心から生まれた堅固な意思なのか、単に周囲に合わせているものかはわかりません。

しかし、もっとも大切なことは、**日頃から子供に意思を持たせることであり**、それ以上に大切なのが「**意思表示**」させるということです。子供に自ら判断させ、それをきちんと自分の言葉で伝えられる教育をするということです。

判断できないということは、日頃から受験の意味を親が子供伝えられていないということでもあるのです。

先人たちの後悔を考えると、結局後悔が生まれる原因というのは、**子供の意思がない決**

断ということに収斂されています。

夫婦間でも、目指しているところは基本的に同じはずです。妻が勉強を重視するのも、夫が勉強以外の周りの仲間との付き合いを重視するのも、そこから何かをつかんでほしいということです。後悔が生まれるのは、本人に決めさせずに、どちらかの意見を採用したことでもあります。

そして、親の考える進路に、正解は最初からないのです。

正解がないところで悩んでも、結論が出ないのは当たり前です。

もともと人生を選び取るのは当人である子供です。**その子供に「選び取る力」を与えることが親の役割なのです。**

親のスタンスとしては、日頃から人生を選択できる力をいかに子供に与えられるかを考えていくようにしましょう。それが、結果的に子供が後悔しない人生を歩む上でも、もっとも大切なことなのです。

夫婦で協力して最終的に「子供に判断させる」教育をほどこす

List Number

47

子供の習い事についてちゃんと話し合えばよかった

子供に何をやらせるか、夫婦間でもっと話し合えばよかったというのも非常に多い後悔です。

以前と比べると、今は親が子供に習い事をさせることに積極的ですので、子供が小さいときから何をやらせるかについて話し合う夫婦も少なくないですが、意見は分かれますし、もちろんそこには経済的な事情も大きく関係してきます。

子供の習い事のきっかけは、ほとんどが親の三つの価値観から生まれています。

一つは、親が小さいときに団体スポーツを経験し、そこから人付き合いを学んだり、多くの楽しい経験をしていれば、子供にも団体スポーツをさせたがるような「**体験型**」。

もう一つは、逆に自分にはできなかったこと、例えば自分の家にはお金がなくてバレエが習えなかったけど、子供には習わせたいという「**願望型**」。

最後は、自分も体験していないけど、例えば、英語を話せたり、楽器ができる人を見てきて、後々必ず役立つはずだという理由から子供に習わせる「**目的型**」。

こうした価値観をもとに、まずは親がきっかけをつくり、子供にやらせながら適性を見たり、本人の気持ちを尊重しながら続けるかどうか考えていくのが普通です。

一方で、絵画教室に通うことにどんな意味があるのか、ボーイスカウトをやるとどんな効果があるのかというのも、親の中で「目的」がわかっていなければ、やらせてみようとは思わないはずです。

つまり、**習い事は親の価値観の縮図でもあるということです**。


けれど、親の思いとは別に、子供自身が楽しいと感じられずにやめてしまったり、夫婦の価値観の違いから、何を子供にやらせるかで衝突は頻繁に起きてしまいます。

子供が嫌だと意思表示できればまだいいですが、中にはそれさえできずに、いやいややり続け、本人の性格に大きな悪影響を与えることもあります。

例えば、親がピアノを習えなかった反動でやらされた子が、当の本人の興味・関心がないのにやらされ続け、結果的に後から入った子にどんどん抜かれて、引け目と挫折感を持ちやすい子に育つというのは少なくありません。

あるいは、親が自分たちの学歴コンプレックスから子供に早い時期から塾通いをさせて、嫌がる子供を押さえ付けてでもやらせてきた知人がいますが、そのお子さんは中学受験で失敗後、その反動からグレてしまい、シンナー中毒にまで陥って高校中退を余儀なくされています。

これは一概には言えないところはありますが、これまで一万人以上に及ぶ先人たちの子育てに関する後悔を見聞きしていると、一つの法則が浮き上がってきます。

それは、**やはり親のエゴで子供に何をやらせても、結果的にはうまくいかないという厳然たる事実です**。

親が自分の夢を押し付けたり、託したりしても、たまたま子供がその分野にセンスがあったり、好きなことであったりすればいいのですが、残念ながらそうでない確率のほうが高いのが現実です。

子供であっても、自分の興味で始めたことには、「**自己決定**」というプロセスを経ているだけに、モチベーションも継続しやすいですし、同じように壁に当たっても「自分で決めたことだから」「好きで始めたことだから」という気持ちがそこを乗り越える胆力になるものです。そして、乗り越えたことが自信につながるという好循環を生み出します。

親の押し付けというのは、その「自己決定」がない分、子供の中に継続する力、乗り越える動機を期待するのは無理というものです。

中には、「教育は親の意思」という哲学で子供に習い事を強要し、結果的に子供も苦難を乗り越えて力を身につけた人もいますが、そうした子供は、押し付けられた中にあっても、どこかでこの「自己決定」のプロセスを経ていたはずです。

何を習わせるかというのは、子供の性格や自己決定に大きく左右されるものなのです。親が判断してしまうというのは、結果的に子供のためにならないという先人たちの子育ての法則を思えば、やはり私たちが同じ轍を踏まないためには、**何をやりたいかは子供が判断し、それを応援するのが親の責任であると考えることが大切です。**

しかし、子供自身が数々の習い事を自分で見つけてきて、その楽しさを簡単に実感することはできません。

では、子供が自らの力で道を切り拓いていくために、親はどうしたらいいのでしょうか。

ここでも、先人たちの工夫からヒントを得ることができます。

それは、**より多くの「機会」を夫婦で協力してつくれた人ほど、子供の「自己決定」を促すことができているということです。**

これは、単に多くの選択肢を提供するといったことではなく、多くのものに触れさせることで、**子供の好奇心を自然に助長する効果も担っているようです。**

「機会」をつくるにしても、そもそも夫婦で話し合って方向性をすり合わせ、情報を集めていかなければ「機会」のほうからはやってきてはくれません。夫婦で分担して機会をつくる努力もしなければいけないのです。

子供にはわからないのではないかと考えずに、コンサートやピアノの発表会など生の音楽にたくさん触れる機会をつくったり、サッカーや野球観戦につれて行く、海や山に連れて行ったり、スキーやマリンスポーツを一緒にやってみる。あるいは、博物館、科学技術館、映画館、図書館などにも連れて行き、自分たちもそこから学ぶ姿を見せることです。

また、「機会」がつくれたら、夫婦の二人の目で子供の興味をつかみ、子供自身がやりたいという意思表示をしたら、挑戦させるのです。

そして、**決して過干渉はしないことです**。見守る、応援するというスタンスで、夫婦どちらかがついつい自己投影しそうになったら、片方がブレーキ役になるなどして、子供との距離感を保つようにしたいものです。

スポーツでも勉強でも、親として何より大切なことは、**「機会」を与え、「見守り」続けるということです**。それは、夫婦の協力なくしては成し遂げられないのです。

「自己決定」できるように、機会を与えて見守る

List Number

48

相手の親の教育方針をいやいや受け入れてしまった

子育てについては、夫婦間でもはっきりと方針を打ち出すことが難しいため、特に親の意見に左右されることが多くなります。

自分たちを育ててくれた親ですので、反面教師として聞くというニュアンスがあっても、親の考えに耳を傾けるのはごく当然なことです。

しかし、自分の親の意見であれば言い返すことができても、**相手の親の意見となれば、少しその対応が難しくなることもあります。**

相手の親の教育方針をいやいや受け入れて後悔している人たちというのは、ざっくり二つのパターンに分かれます。

一つは、自分の子供もみんなそうだったからという理由で、私立の小学校や中学の受験を孫にも当然のように期待する親御さんを持ってしまったケースです。

しかも、普通のサラリーマン家庭にとっては小学校受験や中学受験のための塾のコストというのはかなりの負担になるものですから、親の金銭的援助がないと成立しない家庭も少なくないため、ついつい相手の親の言うままになってしまったという後悔です。

ならば、最初から援助など当てにせず、中学まで普通に公立で過ごして、高校で私立なり公立の受験を考えればいいのですが、周りに受験する人が多かったり、昨今の中高一貫校ブームから、機会があるならチャレンジさせたい気にもなるわけです。

そして、あまり納得しないまま、親御さんの援助を頼って受験を決行、首尾よく合格できればいいのですが、失敗してしまって、当の子供はその挫折感から勉強への意欲を失ってしまって引きこもってしまったり、非行に手を染めるようになってしまったという例は枚挙に暇がありません。

自分で決めた受験ならともかく、祖父母の希望や見栄の犠牲では、思春期という多感な時期も重なって、ややこしい問題に発展することもあるわけです。

二つ目は、こうした受験推進型とはまったく逆パターンです。

相手の親が、むしろ早すぎる受験にブレーキをかけるタイプで、本人がやる気になるまでは親が何を言っても成績なんて伸びないから、とにかく本人のスイッチが入るまで待つべきだという教育方針を持っているケースです。中学は勉強より体をつくる部活だという信念を持っていたりすることも比較的共通しています。

これも確かに正論なのですが、そういう親の子に限って、もうちょっと親が勉強の方法や受験の考え方に示唆を与えてくれたら、もうワンランク上の学校に行けたのにと学歴コンプレックスを持っていたりするのもまた事実です。

しかし、本人のスイッチが入るまで待つというのは正論ですし、そのほうが子供はイキイキしますから、半信半疑でもその方針に乗っかる夫婦も多いのです。

ところが結局、子供は部活もすぐに辞めてしまい、ゲーム三昧の毎日を送り、結局スイッチが入らぬままに成人を迎えてしまったフリーターの親は、子供のころに勉強の習慣をつけさせなかったことを後悔しながら、安易に相手の親の教育方針に乗っかってしまったことを後悔しているのです。

義理親の教育方針とあらば無碍にもできず、断ったりして角を立てるよりは、しぶしぶでも受け入れておいたほうが無難だろうと判断する人も後を絶ちません。

似たようなことは昔から企業内にもよくあって、課長がいるのに部長が現場の細かいことにあれこれ口を出して、現場を混乱させたりします。ちなみに、そんな部長のことを「大課長」と呼んで、本来の部長の仕事のできない人という意味で揶揄していたりします。教育方針の大原則は、**親である夫婦間で決めるということです**。そこに子供の祖父母がしゃしゃり出てくるのは、「大課長」そのものです。

確かに年の功というのはありますし、子育てをし終えた親から学ぶべき英知はたくさんありますが、祖父母というのは親としての責任がない分、孫には甘く接しがちです。ある地域では、祖父母が過干渉すると「年寄りっ子は三文安い」という揶揄まであるほどです。ですから、相手の親の教育方針が受験推進型であろうが、その真逆であろうが、**基本的に夫婦の考えと異なるものについては、うまくかわすに限ります**。

同じ状況になってみないとわからない人も多いと思いますが、子供が絡んだときの祖父母の執拗さというのは強烈です。

後悔している先人の中には、いざとなったときにはもう遅いので、同居や二世帯住宅の場合は、転勤を志願するなど孟母三遷《もうぼさんせん》的な手段を講じても、距離を取ることを勧めている人もいるくらいです。

いやいやなら面従腹背、孟母三遷のほうが良い結末になる

List Number

49

子供との会話が少なかった

最近、企業でもコミュニケーション力へのニーズが非常に高まっており、個人的にも、人生を切り拓き幸せをつかむには、学歴や頭の良さより、コミュニケーション力が必要ではないかとさえ思うことがあります。

コミュニケーション力を高めるためには、学校内や友達同士との付き合い方によって磨かれるというのもありますが、**実は家庭内でのコミュニケーションが大きく影響することが、最近の研究でもわかってきています。**

家庭というものは、夫婦でどういう家庭を築いていくかというプランを立て、お互いの理想とするゴールに向かって協力し合うことが前提ですので、目指すゴールはどの家庭でも比較的似ているものなのですが、努力次第で結果はまったく違ってきます。

だからこそ、「マネジメント」していくという発想が大切なのですが、ビジネスにおいても結局は人対人であって、コミュニケーションがうまくいかない会社やチームは、遅かれ早かれダメになるものです。

家庭の基軸もやっぱりコミュニケーションですが、子供とのコミュニケーションが取れずに後悔している人が非常に多いのです。

子供が大きくなれば、学校教育や友達関係のほうが重要になってくるかもしれませんが、すべての根っこは家庭環境であり、子供がどう育つかというのは、**夫婦が家庭をどうつくるかに大きく左右されているのです**。

漢字は学校で教えてくれますが、社会の常識、世の中のルール、社会通念の基本は親が教えなければ誰も教えてはくれません。

小さいときから、なぜ勉強しなければならないのか、なんで他人を傷つけてはいけないのか、いじめられたらどうするのかといった、生きる上で必要なことを自身の言葉で伝える必要があります。

もちろん、すべてを親がカバーすることはできませんし、もっとも重要なことは、子供本人が自らそれを学んでいける力を身につけることですが、**それをサポートすることが親の責任でもあるのです**。

近年、コミュニケーションが苦手とされる人も、その主因はやはり親とのコミュニケーションの足りなさだと指摘されています。

コミュニケーション力が遺伝するという意味ではなく、コミュニケーションに長けている人は、子供のころから親との対話が活発だったのに対し、コミュニケーション能力に難がある人は、逆に親との対話が希薄だったことが判明しているのです。


親が子供に向き合う姿勢というのは、**実は夫婦がお互いに向き合う姿勢と同じです。**

ですので、結論から言えば、夫婦間での対話はできているけど、子供との対話ができないという人はいません。もし一見そう見えないという場合は、恐らくどちらかが不満を抱えているか、あきらめているかのどちらかです。

子供との対話が少ないという人は、**やはり夫婦間での対話も少ないはずです。**

もちろん、会話は単に多ければいいというわけではありませんが、対話できる環境をつくり出さない限り、コミュニケーション力は決して生まれないのです。

人には無口な人とおしゃべりな人がいますので、「会話」を増やせばいいということではありません。しかし、いざというときに、きちんと家族が「対話」できるようにすることが、夫婦をはじめ家族の人間力を向上させることにつながります。

そのためには、**親が自分たちのことを、子供にできるだけ話すことが大切だと、先人の**

多くが語っています。

子供にはわからないだろうと思うのではなく、仕事のことや自分のこと、そして相手のことなどを、できるだけ話すのです。

今自分がどんな仕事をしていて、どんなことを夢にしているのか、どういうことが楽しいのか、お父さん、お母さんがどういう人たちなのか、ということを極力話すということが大切なのだそうです。

また、自分が子供だったころのことや、かつて熱中したこと、できたこと、できなかったこと、悔しかったこと、うれしかったことなどの「**喜怒哀楽**」を語ることも重要です。

何も、武勇伝となるエピソードを話すということではなく、むしろできなかったことや悔しかったことのエピソードのほうが、子供は共感を持ちます。

「生きる力」というのは、親が語ることによって、子供の中にその輪郭ができて、そこに自身の体験が加わって身についてくるものです。

自分の生きざまを素直に語ることが、夫婦だけでなく、子供にとっても「対話」できる環境をつくることにつながるのです。

自分の生きざまを子供に素直に語り「対話」できる環境をつくる

List Number

50

過保護で何でもやってしまった

近年、過保護の親はどんどん増えてきており、「ここまでやるのが親の責任」「そこはやらないのが親の務め」などと意見が分かれるところだけに、過保護の親は良かれと思ってやっているので、自覚症状がない分、少しやっかいです。

しかし、そうした人こそ、先人たちが振り返って悔やむ「子育ての法則」は響くはずです。自分にとっては正解だと思っていることも、長年、子育てをしてきた人たちの失敗談からすれば、間違っている可能性もあるからです。

また、過保護になるというのは、**比較的夫婦間で育児の分担がうまくいっていないケースが多いことも事実です**。

中には両方とも過保護という夫婦もいますが、ほとんどはどちらかが無関心で、その反動で「自分がしなくては」という意識が片方に芽生えてしまうことが多いのです。

子供は誰にとっても愛しいものですし、「より」健やかに、「より」賢く、「より」幸せになってもらいたいと望むのは当然のことでしょう。

しかし、これまでもご紹介してきた通り、**親のエゴが結果的に子供をスポイルしているという事実**は重く受け止めるべきことだと思います。

夫婦関係においても、子育てにおいても絶対解というのは存在しませんが、多くの人が後悔する共通項には、やはり何かしらの法則があるとしか思えません。

例えば、Yさんは子供が小学校の高学年になっても、塾や習い事だけでなく学校の送り迎えまで毎日続けていました。

しかも、毎日ハンカチは持ったか、水筒は持ったかという忘れもののチェックもこなし、子供に直射日光を浴びさせないように日陰を選んで送る始末です。

高学歴にして専業主婦だったYさんは、自由になる時間のほとんどを子供のために費やすような生活をしていました。

勉強の成果か、小学校のころは勉強も運動も得意だったお子さんはYさんの自慢の種で、将来は医者にしようと夢は膨らんでいました。

ところが、お子さんは思春期を迎えると徐々に目立たなくなり、高校を卒業するころには医学部どころか大学にすら進学できず、母子ともに挫折のどん底に陥ってしまったのです。

結局のところ、過保護なYさんが先回りして何でもやってしまい、子供は思春期に親離れしたいと思っていたにもかかわらず、当のYさんが子離れできずにズルズルと幼稚園児や小学生時代と同じスタンスで干渉を続けてしまった結果、お子さんは自分で前に進む力、生きる力が未発達になってしまったようでした。

子供が思春期を迎えた時点で、子供は親ではなく**「周りに育ててもらう」「社会に育ててもらう」**という子離れする決断が、Yさんには欠如していたのです。

また、Yさんの場合でも、子育てに関する旦那さんの影が薄く、夫婦の関係がうまくいっていないという感情が子供への関心、愛情を増幅させてしまい、子離れの障害になってしまったとも考えられます。

話を聞くところ、どこまでが過保護なのかというボーダーラインについてYさん夫婦では口ゲンカが絶えなかったようで、それを面倒に感じた旦那さんが、いつの間にか子育てをYさんに押し付けてしまうようになったそうです。

Yさんの子供の挫折は、中学になって周りの子にドンドン抜かれていって、やる気がなくなってしまったというものですが、逆に抜いていったほうの子供は、自分で本気になった、「自力」で伸びられた子だったのです。

子供というのは、自分で本気になったときはあっという間に成長するものだといわれますが、**親の過保護はこの自力で伸びようとする力の芽を摘んでしまうのです。**

では、Yさん夫婦の徹を踏まないようにするにはどうしたらいいのでしょうか。

先人たちの経験を総合すると、どうやら自立のポイントは「**学童期**」と「**思春期**」の二つの時期に気をつけることだとわかってきました。

「学童期」の親は、**何より子供の「やりたいこと」をじっくり見守ることが大切です。**

人格が形成され、少しずつ自我が生まれる大切な時期だけに、いろいろと手を差し伸べたい気持ちになりますが、あくまで「機会」を与えるだけにします。本人が「自己決定」によって、その「やりたいこと」を自分で選択できることが大切です。

また、よく「何かをやっていればそれでいい」といわれますが、**「熱中している」ことに水を差さず、その集中する経験を大切にすることです。**

そして「**待つ**」ことです。周りのできる子、速い子と比較してイライラしたり、先回りして手を貸したりせず、とにかく「待つ」、そして、**できなくても叱らないこと。**

そして、**二つ目は「思春期」の対応に気をつけることです。**

基本的に、この時期には誰もが「子離れ」を覚悟し、徐々に親としても「周りに育ててもらう」「社会に育ててもらう」というウエイトシフトを行わなければなりません。

たとえ、それが本意ではなくてもです。子供を誰かに奪われるようで、心もとないかもしれませんが、そういう時期なのです。

人は思春期に大人の入り口に立つわけですから、ここで子離れができなければ、結果的に子供の人生に悪影響を及ぼす可能性が高くなるのです。

頭ではそれがわかっていても、なかなか心がついていけないケースが多いものですが、だからこそ、**この時期に夫婦でフォローし合いながら、子供との距離を置いていきたいものです。**

学童期、思春期ともに、基本的には子供の自立心を見届けることが大切です。口を出さずに見守ることを覚えれば、結果的に子供は一人で成長するものなのです。

夫婦でフォローしながら「学童期」は見守り、「思春期」で子離れする

あとがき

著者としては、普段、奥さんや旦那さんに面と向かって言えないことを、この本をダシにして「ここにこんなことが書いてあるから、うちでも試してみようよ」といった使い方ができないかと考えていました。

該当する箇所を使って、自分たち夫婦の問題に間接的にアプローチするのは、賢い問題解決の方法だと思っているからです。

工夫次第で夫婦のコミュニケーションはいくらでも改善できることを、本書を通してご理解いただければ幸いです。ぜひこの五〇のリストを、あなたの結婚生活のチェックリストとして、建設的に活用してみてください。

あなたの結婚生活が、これからワクワクできるものになることを願ってやみません。

本文でも触れましたが、私の結婚生活が誰かの見本になるようなものだから、この本を書いたのではありません。

むしろ逆で、私自身、夫としては及第点にも平均点にも及ばないレベルの人間で、たまたま一万人インタビューによってさまざまな後悔に触れたことで対処法を知り、かろうじて離婚を免れている口に違いありません。

だいたい、この五〇のリストの一番目の「仕事ばかりしなければよかった」という後悔からして、かつての私も危険な立場だったことは事実です。

その他、家事の分担や休日の過ごし方、家族旅行など、五〇のリストに照らし合わせると、今でも耳の痛いことばかりですが、どうにかこうにか先人たちのアドバイスを行動に移すようしてきました。

このリストのおかげで、こんな私でも幸せを実感できる家庭を維持できているのだと思います。

かつて小学生だったころ、運動会の日に、群青色の晴れ渡った空を見上げて、「僕はどんな人と結婚するのだろう、この瞬間、その人はどこで何をしているのだろう」とふっと考えた瞬間がありました。

何をきっかけにそんなことに思ったかは覚えていませんが、それ以来、毎年、運動会になると空を見上げては、同じことに思いをめぐらせるのが習慣になっていました。

それから何十年もたった今、家内の寝顔を見て、この人が小学校時代からずっと空を見上げて夢見ていた人だったのかと、今度は見たこともない彼女の小学生時代に思いを馳せています。きっと私が運動会の日に、そんな夢想をしていた瞬間、彼女も私の知らないどこかで何かを考えていたはずだと。

結婚につながる出会いというのは、つくづく「縁」だと感じます。後から考えると、不思議なつながりでお互いが出会ったことがわかるはずです。

ただ、せっかく「縁」で結ばれながら、結婚「後」を愛情や相性で考えてしまうと、思わぬ落とし穴にはまってしまうことがあるのです。

そのときに、結婚は「知識」と「技術」でマネジメントするものという発想ができるかどうかで、その後の人生を良くも悪くも大きく変えてしまいます。

そのことを、一万人の先人たちを代表して、最後にお伝えしておきたいと思います。

あなたならば必ず、幸せな家庭を築けるはずです。

二〇一二年九月、南青山にて

大塚　寿

［著者］

大塚 寿（おおつか・ひさし）

1962年、群馬県生まれ。株式会社リクルートを経て、アメリカ国際経営大学院（サンダーバード校）にてMBAを取得。現在、オーダーメイド型企業研修を展開するエマメイコーポレーション代表取締役。

「寿」というおめでたい本名のためか、学生時代、会社員時代、米国留学時代を通じ、数多くの合コンを企画、そこから多数のカップルが生まれ、結婚に至っている。現在も、東京・青山にあるダイアログ・イン・ザ・ダークで暗闇婚活「kids」（婚活イン・ザ・ダーク・スペシャル）をプロデュースし、高率でカップル、成婚者を生み出した。

ボランティア、CSR活動として婚活プロデュースを手掛けるなかで、現在のアラフォーの結婚観と20代の結婚観の違いに、時代の変化を痛感している。

著書に『40代を後悔しない50のリスト』『30代を後悔しない50のリスト』（以上、ダイヤモンド社）、『リクルート流』『職場活性化の『すごい！』手法』（以上、PHP研究所）など多数。

URL　http://emamay.com

1万人の失敗談からわかった夫婦の法則
ビジネスパーソンのための 結婚を後悔しない50のリスト

2012年9月27日　第1刷発行

著　者——大塚 寿
発行所——ダイヤモンド社
〒150-8409　東京都渋谷区神宮前6-12-17
http://www.diamond.co.jp/
電話／03･5778･7232（編集）　03･5778･7240（販売）
装丁————水戸部功
本文デザイン—TYPE FACE（二ノ宮匡）
製作進行——ダイヤモンド・グラフィック社
印刷————加藤文明社
製本————宮本製本所
編集担当——市川有人

ISBN 978-4-478-02122-4